Stanislav Aseyev

HELLER WEG

Geschichte eines Konzentrationslagers im Donbass

2017–2019

Aus dem Russischen übersetzt
von Martina Steis und Charis Haska

ibidem
Verlag

Bibliografische Information der Deutschen Nationalbibliothek
Die Deutsche Nationalbibliothek verzeichnet diese Publikation in der Deutschen Nationalbibliografie; detaillierte bibliografische Daten sind im Internet über http://dnb.d-nb.de abrufbar.

Bibliographic information published by the Deutsche Nationalbibliothek
Die Deutsche Nationalbibliothek lists this publication in the Deutsche Nationalbibliografie; detailed bibliographic data are available in the Internet at http://dnb.d-nb.de.

УКРАЇНСЬКИЙ ІНСТИТУТ //ІІІКНИГИ

Dieses Buch wurde mit Unterstützung des Translate Ukraine Translation Program veröffentlicht.
This book has been published with the support of the Translate Ukraine Translation Program.

ISBN-13: 978-3-8382-1620-1
© *ibidem*-Verlag, Stuttgart 2021
© Stanislav Aseyev, text, 2020
© Ivan Shkoropad, cover design, 2020
Originally published under the title: «Світлий Шлях»: історія одного концтабору by Vydavnytstvo Staroho Leva (The Old Lion Publishing House), Lviv, Ukraine.

Printed in the EU

Inhalt

II. Isolationsprosa
Aus dem Russischen übersetzt von Charis Haska

Zur Erläuterung

Die *Isolation* ist ein geheimes Gefängnis, das in ein Konzentrationslager verwandelt wurde, gelegen in dem Teil des Donbass, der von Russland kontrolliert wird.

Seitdem die *Isolation* existiert, waren ihr hunderte Menschen ausgesetzt; die meisten von ihnen wurden mit elektrischen Stromstößen gefoltert, vergewaltigt, sie erlitten Herabsetzungen ihrer Menschenwürde und schwere Zwangsarbeit.

Es ist bekannt, dass Gefangene in der *Isolation* getötet wurden.

Keine einzige Menschenrechtsorganisation hat Zugang zu dem Gefängnisgelände.

Noch heute wird es unter der Kontrolle des FSB der Russländischen Föderation weiter betrieben ...

Vorwort

Der Rauch der Öfen von Sachsenhausen und Auschwitz
setzt sich auf dem Eis von Magadan und Kolyma ab.
Brüder Vajner, *Im Zeichen von Schlinge und Stein*

Ich weiß auch jetzt noch nicht, ob ich die richtigen Worte finden
werde: Das Spektrum der Ereignisse war zu breit. Wir haben ein
Leben gelebt, das vom Klicken einer Plastikflasche, das den ganzen
Keller zum Aufspringen brachte, bis hin zu klassischer Musik, die
an verhältnismäßig ruhigen Tagen aus dem Radio erklang, reichte.
Wie diese Gegensätze erklären? Hieß die Klassik, dass genau jetzt
niemand mit verschränkten Beinen im Keller kniete, mit einer Plastiktüte über dem Kopf? Nein.

In diesem Buch wird es um ein geheimes Gefängnis mitten im
Zentrum von Donezk gehen. Um ein Gefängnis, das das *Donezker
Dachau* genannt wird. Aber für die, die diesen Ort durchlebt haben,
wird das Buch nicht nur eine Erzählung über ein Gefängnis sein.
Das, was hinter den Mauern der *Isolation* geschah – denn so hieß
dieses Gelände –, liegt selbst dort jenseits des gesunden Menschen-
verstandes, an einem Ort, an dem man, so scheint es, außer Grausamkeit nichts zu erwarten hat. Ich bin schon viele Monate in Freiheit und frage mich immer noch: "War das wirklich? Konnte so etwas mit mir geschehen?" All diese Menschen, Stromstöße, Folter
und Klebeband, kollektiv gesungene Lieder, mit denen die Schreie
derer übertönt werden, zu denen die Drähte führen ...

Dieses Buch war als trockene Reportage gedacht: Ohne Wer-
tungen, Emotionen; Skizzen über das, wovon ich selbst Zeuge
wurde. Als ob ich in dieses Gefängnis nicht als Gefangener, sondern als Journalist geraten wäre. In achtundzwanzig Monaten Aufenthalt in der *Isolation* habe ich dort einige Texte verfasst, die diesem Ausgangsgedanken entsprachen. Ich musste gefasst und lako-
nisch schreiben, entwarf nur das Skelett eines künftigen Buches,
weil ich wusste, dass sie jederzeit alles wegnehmen und lesen könnten. Was dann tatsächlich auch geschah. Aber als ich mich in Freiheit wiederfand, erkannte ich, dass trockene Publizistik unmöglich

9

ist: Viele Monate später überwältigen mich die Emotionen immer noch. Genau aus diesem Grund werden einige Kapitel dieses Werkes dem Leser kalt und in einigem zynisch vorkommen, während andere buchstäblich schreien werden.

Als ich dieses Buch zu schreiben begann, ahnte ich selbst nicht, wie viele Fragen es für mich aufwerfen würde. Als ich es beendete, konnte ich nicht glauben, dass ich auf keine einzige eine Antwort gefunden hatte. Vielleicht ist die Antwort dieses Buch selbst: Um es zu schreiben, musste ich überleben. Um zu überleben, war es unerlässlich zu wissen, dass ich es werde schreiben müssen. In diesen seltsamen Labyrinthen des Bewusstseins versucht das Denken einen Sinn zu finden: "Das ist alles nicht zufällig", "das konnte nicht einfach nur so geschehen ..." Aber im Ergebnis ist alles, was bleibt, nur einige Sätze, die sich in Absätze fügen. Der Cursor blinkt, der Gedanke friert ein, und man sinkt wieder in den Abgrund. Die *Isolation* lehrt, dass es keinen Tiefpunkt an sich gibt: Es bleibt immer Raum für den Fall. Es gibt immer jemanden, dem es schlechter geht. Dieses Buch handelt auch davon. Wenn man diesen Ort – dieses Gefängnis – in einem Wort auszudrücken versucht, dann wäre das "Unvermeidlichkeit", und zwar deswegen. Wenn Sie auf einen Tisch gelegt und fest mit Klebeband umwickelt werden, können Sie so viel schreien, wie Sie wollen – das wird überhaupt nichts ändern. Weder ein Beschwören der Familie noch ein Anrufen von Gott, weder Ihr Geschlecht noch Ihr Alter noch Ihre Schmerzen selbst, weder Schreck noch Schreien werden auch nur das Mindeste ändern. Das sind nicht einfach Worte – das ist der lokale Glaube, fast die Religion derer, die einige hundert Menschen auf den Foltertisch gebracht haben. Genau in einem solchen Moment erkennt der Mensch seine ganze Zerbrechlichkeit, Kraftlosigkeit, Schwäche. Er ist das Schilfrohr, über das Pascal geschrieben hat[1]. Vor Schmerz drängen die Gelenke förmlich nach außen, der Mensch beginnt zu

---

[1]   "Der Mensch ist nur ein Schilfrohr, das schwächste der Natur, aber er ist ein denkendes Schilfrohr." (Blaise Pascal, 1623–1662, frz. Mathematiker und Physiker) (A.d.Ü)

schwitzen, von oben wird er – für den Effekt – mit Wasser übergossen. Unvermeidlichkeit. Es ist unnötig, zu schreien und zu betteln – sie werden nicht ablassen, sie werden Sie trotzdem foltern.

Aber, so seltsam es ist, im *Hellen Weg* geht es nicht um Folter. Nicht Folter definiert dieses Gefängnis. Schließlich sind allein in Donezk mindesten ein Dutzend Orte – abgesehen von der *Isolation* selbst – zu finden, an denen auch jetzt weiter gefoltert wird. Wie drückt man den Kern aus? Erklärt ohne Emotionen, was dieses Gefängnis darstellt? Vielleicht ist der Kontrast ein lohnender Ausgangspunkt. Ich erinnere mich, wie in der Mitte des Sommers 2018 die erste Welle der Massenverlegungen aus der *Isolation* in andere Gefängnisse begann. Ich selbst saß zu dieser Zeit in der fünften Zelle, und wir alle hatten schon gehört, dass in den letzten Tagen einige Leute aus der "Zweier" und der "Achter" in das Donezker Untersuchungsgefängnis gebracht worden waren. In der Zelle herrschte eine Atmosphäre, die an Weihnachten erinnerte: Viele hatten schon ihre spärlichen Habseligkeiten zusammen gesammelt und warteten darauf, wann das Wunder auch ihnen zuteilwerden sollte.

Und da öffnet sich die Tür und der Aufseher nennt vier Nachnamen zugleich und sagt: "Fertig machen!" Es ist schwierig zu beschreiben, was in diesem Moment passierte. Wir begannen, den Glückspilzen zu gratulieren, ihnen den letzten Tee und Papier zu schenken – das Einzige, was viele von uns hatten. Wir schüttelten ihnen die Hände, umarmten sie und freuten uns aufrichtig, obwohl wir unsere eigenen Namen noch nicht gehört hatten. Hätte ich nur gewusst, dass ich es erst ein Jahr später von hier ins Gefängnis schaffen würde! Aber in diesem Moment waren wir aufrichtig glücklich, denn wir alle hatten Hoffnung, dass – wenn es schon einmal seinen Anfang genommen hatte – auch wir einmal von hier fortkommen würden. Und dann öffnete sich die Tür wieder, und ein Gefangener schaffte es nicht, den ihm gerade geschenkten Tee einzupacken. Der Aufseher schrie, sie würden ohne ihn fahren – und sofort stürzte dieser Mensch, stolpernd, über die Schwelle der Zelle, schaffte es nicht einmal richtig, seine Plastiktüte über den Kopf zu ziehen. Die Tür schloss sich erneut, aber in der Zelle herrschten noch immer Begeisterung und Euphorie. Und einzig der erst vor einer Woche angekommene neue Gefangene fragte befremdet: "Und wohin eilen die alle so glücklich?" "Ins Gefängnis", antworteten wir ebenso verdutzt.

Kann man sich so etwas überhaupt vorstellen? Ja, den Tag der Verlegung hielten viele für einen Tag der Befreiung; und in gewisser Weise sagt das mehr über die *Isolation* aus als Schreie und Stromschläge. Manchmal schien es uns, als sei all das ein Experiment. Die Irrealität dessen, was passierte, in Kombination mit Dutzenden Überwachungskameras, führten zu solch seltsamen Gedanken. Es schien, dass die Verantwortlichen dieses Ortes nach der Grenze suchten: "Was, wenn man noch etwas mehr Druck ausübt? Kommandiert: 'Gib Laut! Unter die Pritsche!' Beginnt er, wie ein Hund zu heulen oder nicht? Sieh an, er hat aufgeheult. Jetzt kann man das Glied aus der Hose holen ..."

Alles wird eindeutig festgehalten: In jeder Zelle, in den Karzern, in jedem Keller ist eine Videokamera installiert, Terabytes an Videoaufzeichnungen, hunderte Stunden für internationale Gerichte. Desto mehr erscheint es wie ein Experiment: Menschen können nicht sechs Jahre ungestraft, zynisch gegenüber jedem UN-Bericht weiter ihre Verbrechen filmen. Oder können sie es doch? In diesem Fall wäre die *Isolation* genau die Antwort darauf, was sie ist, unsere Welt. Alle Sinnlosigkeit, alle Grausamkeit und Ungerechtigkeit haben sich exakt hier, auf der "Straße des Hellen Wegs Nr. 3", konzentriert. Ohne Strafe, ohne Abrechnung, mit Gelächter über uns, die Besiegten. Mögen sich viele mit dem künftigen, dem Jüngsten Gericht trösten. Ich glaube nicht daran. An was glaube ich? An das Gelächter dieser Leute in den Kellern, wenn sie jemanden mit Klebeband am Tisch fixieren.

Ich werde oft gefragt, ob ich diesen Leuten verziehen habe. Nun, meine Gefühle ihnen gegenüber sind nicht einfach Hass, sie sind tiefer. Verzeihen kann man denen, die man hasst; dieser Ort steht aber außerhalb jeglichen Sinns, darunter auch des Sinns des Verzeihens. So sehe ich die Dinge. Vielleicht denkt jemand anders.

Kapitel 1: Ankunft

Sie laden uns einzeln aus. Den einen sind die Hände mit Klebeband gefesselt, meine mit fest eingerasteten Handschellen, alle haben einen Sack oder eine Plastiktüte über dem Kopf. Alles, was ich aus dem letzten Keller mitgenommen habe, ist mein Manuskript, alle anderen Sachen habe ich an. Sie stellen uns, die Köpfe noch unter den Tüten, an die Wand, durchsuchen uns sorgfältig, die Papiere in der alten Mappe mitzunehmen, erlauben sie.

Das ist die Ankunft und jeder von uns versteht mit der Zeit, dass er nicht in ein Gefängnis geraten ist. Genauer gesagt, nicht in ein offizielles Gefängnis, wohin Menschen normalerweise gebracht werden. An diesem Ort sind die Tatvorwürfe ganz andere: Spionage, Terrorismus, Extremismus. In der Zukunft wird es zwei Urteile gegen mich geben, jedes zu fünfzehn Jahren, jedes auf der Grundlage von sieben Strafrechtsparagraphen. Sechs davon werden mit meiner beruflichen Tätigkeit als Journalist verbunden sein und nur einer mit Spionage. So sieht das Bild bei fast jedem hier aus: Ein Gefängnis für "besonders Gefährliche" – so hat die Administration unser Kontingent eingestuft. Wir werden in die Zellen geführt: Alle Türen sind dick schwarz gestrichen, die Fenster mit weißer Farbe übermalt, in jeder Zelle brennt rund um die Uhr Licht, man darf es nicht einmal tagsüber ausschalten. Kaum öffnet sich die Tür, springen auch schon alle von ihren Pritschen auf, ziehen die Plastiktüten über die Köpfe, verbergen die Hände hinter dem Rücken und drehen sich mit dem Gesicht zum Fenster. All das geschieht innerhalb von zwei, drei Sekunden. So sind die Regeln: Weder zu liegen noch in Richtung Fenster oder Videokamera zu sehen ist erlaubt.

Das ist also die *Isolation*. Straße des Hellen Wegs Nr. 3. Wir sind auf dem Gelände der früheren Fabrik für Isoliermaterialien im Zentrum von Donezk angekommen. Hier ist ein Militärstützpunkt und – in Doppelfunktion – eines der grausamsten Gefängnisse der

sogenannten "DVR²". Dieses Gefängnis fällt in keine Kategorie, offiziell existiert es nicht, inoffiziell befinden sich in den Kellern und
Zellen Dutzende Menschen. Rundum Beton und Armierungseisen;
das ist der Fertigungsbereich der Fabrik, den ich persönlich erst in
einem Jahr sehen werde, als sie mir endlich erlauben werden, die
Tüte abzunehmen – bevor es in die Dusche geht. Aber vorerst können wir uns nicht daran gewöhnen, dass in der Zelle ein Waschbecken und ein Klo sind. Bei uns schält sich immer noch die Haut ab
nach dem Keller des *Kontors³*, in dem ich anderthalb Monate verbrachte habe, andere mit weniger Glück waren über zweihundert
Tage dort. Die Haftbedingungen verwirren uns, sie verwirren jeden, der von diesem Gefängnis hört. "Ein Konzentrationslager mit
Klimaanlage? Machen Sie Witze?" So eine Frage habe ich später,
schon wieder in Freiheit, oft gehört, wenn ich zu erklären versuchte, was dieses Gefängnis für uns war.

   Nun … Sie werden tatsächlich von kleinen Blumen unter den
Fenstern begrüßt, wenn Sie in der Sommerzeit ankommen, und in
einigen Zellen können Sie eine Klimaanlage finden. Das ist die
Wahrheit, aber nicht die ganze. Mein innerhalb eines Monats er-
grauter Nachbar wird Ihnen noch ihren anderen Teil erzählen: Eine
Woche konnte er nicht sprechen wegen seiner verschwundenen
Stimme, die er in nur einer Nacht verloren hatte – während er
schrie, mit an seinen Genitalien befestigten Stromdrähten. Elektrischer Strom und ein Hodensack, von dem sich die Haut abschält,
erzählen so viel mehr über die *Isolation* als eine Klimaanlage.

   Hier ist alles symbolisch. Wenn Sie in der *Isolation* ohne Sack
oder Tüte über dem Kopf umhergehen – und ein solches Recht
kann man sich nach Monaten verdienen –, dann sehen Sie Leninbil-
der, die direkt am Kellerabgang hängen, und ebenso seine Büste.
Früher einmal war das Gelände der ehemaligen Fabrik für Isoliermaterialien ein bedeutendes Kulturzentrum. Hier versammelten

---

2   Abkürzung für "Donezker Volksrepublik", im April 2014 ausgerufene Entität
     im Donbass, die international nicht anerkannt ist. (A.d.Ü.)
3   Geheimdienstgebäude, Slangausdruck (A.d.Ü.)

sich Maler und Angehörige der Kunstszene, Ausstellungen und Installationen wurden organisiert. Mit der Ankunft der *Russischen Welt* und des FSB in Donezk haben Lenin und sein "Heller Weg" gesiegt. Der Weg in ein kommunistisches Paradies hat sich zum wiederholten Male in Keller und Hölle verwandelt. Die Anlage der Bombenkeller des früheren Werks, die noch aus sowjetischer Zeit stammt, hat sich in ein System für Folter verwandelt, und die Hangars und Abtrennungen mit den einst in ihnen hängenden Bildern wurden mit Panzern und hunderten Minen angefüllt.

Aber die *Isolation* wurde nicht nur als ein Gefängnis für Andersdenkende geschaffen. Viele meiner Zellengenossen gerieten für "den falschen Briefwechsel" oder Äußerungen in sozialen Netzwerken, in denen sie die Ukraine in diesem Krieg unterstützt hatten, hierher. Eine derartige Haltung fiel sofort in die Kategorie "Extremismus" und zog automatisch eine Strafe ab fünf Jahren nach sich. Ich übrigens werde fünf Jahre aus meiner Gesamthaftstrafe für einfache Anführungszeichen in meinen Reportagen erhalten – Anführungszeichen, die ich um das Wort "Donezker Volksrepublik" gesetzt hatte und damit ihre Nichtanerkennung durch die Internationale Gemeinschaft und sogar Russland meinte. Diese Anführungszeichen ziehen sofort Ihre Unterschrift auf einem Papier nach sich, das stolz das Fassen eines Verbrechers verkündet, der "die staatliche Souveränität der DVR negiert". Einmal werde ich meinen Ermittler fragen: "Sie haben mir sieben Paragraphen zur Last gelegt, die fast lebenslänglich nach sich ziehen. Deswegen spielen diese Anführungszeichen schon keine Rolle mehr für mich. Aber tut es Ihnen wirklich nicht leid, die Leben derer zu zerstören, die lediglich einen Satz geschrieben haben? Allein dafür soll ein Mensch fünf Jahre absitzen?" Worauf der Ermittler recht offenherzig antworten wird: "In der Regel finden wir bei denen, die das Wort 'DVR' in Anführungszeichen setzen, bestimmt auch Spionage." Diese Maschinerie ist hier unendlich: Ein nicht abreißender Strom an "Spionen" und "Extremisten" gibt die Möglichkeit, aus seinen Opfern alles herauszusaugen, was man nur kann. Autos, Geld, Wohnungen, Eigentum und in meinem Fall sogar Küchenmesser und einige Parfümflaschen. (Letztere wurden bei einer illegalen

Hausdurchsuchung gestohlen. Die Erben der sowjetischen Tschekisten, ähnlich ihren Vorvätern in Kunstlederstiefeln und langen
Mänteln, schrecken in Donezk vor nichts zurück).

Und doch ist das nur die eine Seite des Lebens derjenigen, die
in die *Isolation* geraten sind. Die andere ist mit den Schicksalen derer verknüpft, die für dieses System gekämpft haben und jetzt
selbst von ihm zermalmt werden. In den achtundzwanzig Monaten
meines Aufenthalts hier gab es keinen Tag, an dem ich nicht mit
jemandem von den hiesigen Milizen in einer Zelle gesessen hätte,
wobei diese Keller alle Dienstgrade gesehen haben, vom General-
major bis zum einfachen Soldaten. Kaum hatte die *Isolation* im Jahr
2014 die Bilder und Kunstobjekte gegen Stacheldraht und Maschi-
nengewehrnester ausgetauscht, verwandelte sie sich in eine Folter-
einrichtung für die sogenannten "Kosaken". Deren Banden wurden
entwaffnet und von den früheren "Waffenbrüdern" bis ins Jahr 2016
hinein hierher verbracht. An den Wänden meiner Zelle konnte man
ihre Felsmalerei in Form ihrer Kampfnamen und Angaben des Zeit-
raums, den sie hier verbracht hatten, finden. Wobei in die *Hütte*[4] die
Glücklichen gerieten, die Mehrzahl wurde einfach im Keller festgehalten, auf Holzpaletten, und ein Teil wurde physisch vernichtet.
Über die Zahl der Leichen auf dem Gelände der *Isolation* gibt es bis
heute keine genauen Daten. Aber man braucht nur zur Sommerdu-
sche zu gehen, vorbei an der Ventilation eines Schachts, und sofort
sticht der hartnäckige Geruch sich zersetzender Körper in die Nase.

Ab den Jahren 2017 bis 2018 arbeitete das System nicht mehr
so hemdsärmelig. Während sich früher niemand großartige Gedanken um offizielle Anklagen gemacht hatte, wurde den eigenen Milizen jetzt reihenweise "Landesverrat" und "illegale Aufbewahrung
von Waffen" vorgeworfen. Ich saß mit Vertretern fast aller hiesigen
Brigaden und Bataillone bis hin zu Stabschefs und stellvertretenden
Brigadekommandeuren. 2017 wurden sie Welle für Welle in die
Keller gesteckt und später in die Zellen hochgeholt; schon gebrochen und ohne mehr zu verstehen, wofür sie denn noch ein Jahr
zuvor hier ihr Blut vergossen hatten. Einige besonders Störrische

---

4   Zelle, Slangausdruck (A.d.Ü.)

brachten sie gemeinsam mit ihren Ehefrauen hierher, damit die Ehemänner redebereiter waren und schneller die Dokumente unterschrieben, die gebraucht wurden.

So sieht die äußerliche Seite dieses Ortes aus. Aber die werde ich erst später verstehen, vorerst fühle ich nur, dass hier irgendetwas nicht stimmt. Nein, ich bin noch weit von der Erkenntnis entfernt, wohin genau sie uns gebracht hatten, und was mir und Dutzenden anderer Gefangener bevorstehen würde, aber bereits in den ersten Minuten fühle ich etwas Seltsames. Mir wird nicht sofort klar, dass sie von den leicht geöffneten Fenstern herrührt. Aber natürlich: Das sind Autos! Vor unseren Fenstern ist eine große Straße, und von dort kommen die Geräusche des vorbeifahrenden Verkehrs. Diese Erkenntnis betäubt mich. Im vorherigen Keller war das einzige Geräusch, das wir hörten, das des fahrenden Aufzugs – kaum war es verschwunden, um danach erneut aufzutauchen, verstanden wir, dass die Nacht vorüber war. So maßen wir die Zeit, und als im Keller – nur ein einziges Mal – das Licht wegen eines Stromausfalls erlosch und sich die rote LED der Videokamera einschaltete, fühlten wir uns tatsächlich wie lebendig zwischen diesen kalten Wänden begraben.

Aber jetzt ist alles anders. Dieses "anders" stürzt uns in eine der gefährlichsten Illusionen, die einen Menschen hier erwarten: Es wirkt, als bedeuteten all diese Geräusche und das Tageslicht, dass dieses Gefängnis etwas Vorübergehendes, nicht für lange, wäre. Ich höre den vorbeifahrenden Verkehr und denke, dass ich jetzt sicher bald hier rauskommen werde; denn dort, hinter dem Fenster, nur einige Meter entfernt, existiert immerhin eine ganz andere Welt. Im Keller schien es uns oft, dass es sie schon nicht mehr geben würde, dass weder Autos noch Menschen noch Sonne noch Wind weiter existierten. Mit uns war etwas geschehen, aber dieses " etwas" war sicher auch ihr, dieser alten, abgenutzten Welt widerfahren. Es konnten nicht nur wir in diese Finsternis versetzt worden sein. Natürlich sprachen wir darüber im Scherz, aber manchmal dachte ich: Wie lange muss man eigentlich hier sitzen, um so etwas zu glauben? Wie viel Zeit im stummen Halbdunkel braucht es, bis diese Gedanken kein Lächeln mehr bei uns hervorrufen?

Jetzt aber stellt sich heraus, dass das Leben nirgendwohin verschwunden ist. Erstens begegnen uns hier, in dieser Zelle, neue Menschen. Es gibt also mehr als Einzelhaft, und man kann jemand anderen sehen außer der Heiligen auf der verschimmelten Ikone, wenn man die Plastiktüte abnimmt. Zweitens fährt ja jemand in diesen Autos, lenkt einen Bus, mit dem die Menschen irgendwohin eilen. Ihr Leben fließt weiter, aber wissen sie, dass es uns hier gibt? Natürlich wissen sie nichts über uns, aber dieses Gefängnis ist bestens bekannt. Einige Monate später wird sich einer der Bewacher damit brüsten, dass sogar Busse sich bemühen, nicht in der Nähe der *Isolation* anzuhalten. Die traurige Berühmtheit des "Donezker Konzentrationslagers" ruft bei seinen Gründern echten Stolz hervor. Sie sind die Schöpfer der Angst, das einzige Produkt, das diese einstige Fabrik jetzt herstellt.

All diese Gedanken zerbröseln wie Glassplitter bei einem Schlag mit dem Gewehrkolben gegen die Metalltür. Ich springe buchstäblich von meiner Pritsche auf, wie auch etwa ein Dutzend solcher wie ich, und höre meinen Nachnamen: "Plastiktüte überziehen! Gesicht zur Wand! Kopf tiefer! Hände nach hinten! Rechts um – zum Ausgang!" Es beginnt die medizinische Untersuchung bei der Aufnahme. In diesem Moment wusste ich noch nicht, dass uns einer der grausamsten hiesigen Sadisten untersuchen würde. Aus einer finsteren Ironie heraus hatte dieser Mensch hier den Posten eines Arztes inne. Er erlaubt mir, die Plastiktüte vom Kopf zu nehmen, während er selbst in einer schwarzen Sturmhaube da sitzt und fragt, ob es Klagen über den Gesundheitszustand aufgrund der vorherigen Unterbringung gebe. Ich antworte, dass ich die Knöchel an den Daumen, wo sie mir die Stromdrähte befestigt hatten, immer noch nicht spürte. "Das ist nicht schlimm. Gibt es etwas von Bedeutung?" "Von Bedeutung" ließ sich bei mir nichts finden.

Vorausgreifend erzähle ich, dass dieser Mensch immer zu hören war, wenn er in der *Isolation* ankam. Normalerweise schrie er die Neuankömmlinge schon auf dem Korridor heftig an, belegte sie mit allen möglichen Flüchen. Nachts aber streifte er – gemeinsam mit dem Chef dieses Ortes – über den Flur und zog Gefangene her-

aus. Was mit ihnen danach geschah, hing von der Menge des ge-
trunkenen Wodkas und der Phantasie derer, die foltern wollten, ab.
Genau dieser Mensch begutachtete am nächsten Morgen die von
ihm selbst nachts gebrochenen Rippen und die Brandwunden –
meine tauben Finger konnten ihm also nur auf die Nerven gehen.

Aber all das wusste ich in diesem Moment nicht. Außerdem
rief die Tatsache, dass ich anderthalb Monate bei jedem Gespräch
in einer Plastiktüte gesteckt hatte, jetzt bei mir Unbehagen hervor.
Es ist verblüffend, aber ich empfand fast ein Schuldgefühl, weil ich
ohne Tüte vor ihm stand, obwohl er selbst mir befohlen hatte, sie
abzunehmen. Bereits damals verstand ich, dass ich mich innerlich
verändert hatte, obwohl mein Weg in der *Isolation* gerade erst begonnen hatte. Deswegen fühlte ich Erleichterung, als mir endlich
erneut befohlen wurde, meine Plastiktüte überzuziehen, und sie
mich in die Zelle schickten. Dort schien die andere Welt immer
noch hell durch die Fensterritzen ...

Kapitel 2: *Isolation* und *Ponjatija*[5]

Kaum war ich aus der Einzelhaft des Kellers in eine Zelle der *Isola-tion* gekommen und kaum hatten sie mir die Plastiktüte abgenom-men, hörte ich: "Hier schläft ein Päderast[6]. Nicht mit ihm reden, nichts von ihm annehmen, keine Sachen auf seine Pritsche legen. Verstanden?" Ich bekam einen Schock, weil ich dachte, in einem echten Gefängnis angekommen zu sein – wäre es nur so gewesen. Aber so war es nicht. Die *Isolation* entsprach nicht nur nicht den Standards jeglicher bekannten Gefängnisse. Das System der *Pon-jatija*, das heißt der Regeln für das Gefängnisleben, denen man an einem solchen Ort folgte, waren in jeder Zelle eigene, nach dem persönlichen, perversen Geschmack.

Aber bevor man sich der Frage widmet, welche *Ponjatija* in der *Isolation* selbst galten, lohnt es sich, allgemein zu umreißen, wie das "klassische" System krimineller Normen aussieht, das das Leben ei-nes gewöhnlichen Straflagers im post-sowjetischen Raum be-stimmt. Es sei direkt angemerkt, dass ich mich vor der Gefangen-schaft nicht journalistisch mit dem Thema der *Ponjatija* im Gefäng-nis befasst hatte, weswegen ich nicht den Anspruch erheben kann, ein professionelles Wissen in diesem Bereich zu haben, der wirklich unendlich umfangreich ist. Im Laufe ihrer Geschichte haben die *Ponjatija* eine Vielzahl von Veränderungen erfahren – zudem haben sie nie in schriftlicher Form existiert, weshalb Berufsverbrecher bei den typischen Treffen, bei denen kriminelle Angelegenheiten ge-klärt werden, sich erst einmal darüber verständigen, ob der Gegner der alten oder der neuen Auslegung folgt.

Als der in diesem Sinne letzte *korrekte Regelwächter* bezie-hungsweise *Dieb im Gesetz*[7] gilt in einschlägigen Kreisen Wasja der

---

5   Die *Ponjatija* (hier: "Traditionen") sind Regeln und Hierarchiestrukturen, die sich die kriminelle Welt ab den 1930er Jahren in den Lagern der Sowjetunion selbst gegeben hat und die ihr Verhalten untereinander und gegenüber dem Staat festlegen. (A.d.Ü.)

6   Eine der Bezeichnungen für einen Vertreter der untersten Kaste in der Gefäng-nishierarchie, i.d.R. nicht wörtlich zu verstehen. (A.d.Ü.)

7   Oberste Autorität in der Welt der *Ponjatija* (A.d.Ü.)

Brilliant, alias Wladimir Babuschkin, mit dessen Tod in dem berüchtigten Straflager "Weißer Schwan" das alte System der Diebe endete. Einem System, in dem der *Dieb* verpflichtet war, seine Haftstrafe abzusitzen, weder Familie noch Ehefrau haben durfte, kein Eigentum und auch kein Leben in Luxus oder eine Arbeit. Interessant ist, dass mir einer der Kriminellen, der noch die *Diebe* des alten Schlags erlebt hatte, erzählte, wie er beim Treffen zweier *Regelwächter* in Odessa mit dabei war. Einer von ihnen lebte nach den alten Regeln quasi in einer Kommunalwohnung: In seiner Wohnung gab es fast keine Möbel und die Tür war nie verschlossen (er ist später dort auf seinem alten Sofa gestorben). Der zweite *Dieb* hingegen kam aus Moskau zu ihm, mit einem Korso aus teuren Autos und einer ganzen Armee von Bewachern. Worauf sein Kollege in der Branche Kriminalität ihm entgegen warf: "Bist du in den Krieg gezogen oder zu einem Bruder gekommen?"

Es gibt einen weiteren Grund, warum ich mich diesem Thema mit Vorsicht nähere. Mein Zellengenosse, ein Wiederholungstäter, bemerkte einmal mir gegenüber: "Du hast nur ein kleines Randstück dieses Lebens erhascht. Denn anhand der *Isolation* über das Gefängnis zu urteilen, ist so, als würde man anhand eines Präservativs Rückschlüsse über Frauen ziehen wollen." So ist es tatsächlich. Es war nur ein "kleines Randstück" der Normalität, die Menschen üblicherweise in Lagern erwartet. Ich spreche von Normalität, weil selbst in dem Straflager, in das ich schließlich vor dem Gefangenenaustausch geriet, das Leben ein völlig anderes war. Obwohl unsere Baracke – die Baracke der "Politischen" oder "Deutschen"[8], wie sie uns nannten – vollständig von den gewöhnlichen Kriminellen isoliert war (mit Blechen verschweißt und von Stacheldraht umgeben), begegneten wir ihnen doch manchmal, wenn wir in das Waschhaus oder Verwaltungsgebäude gingen. Zudem waren viele Berufsverbrecher auch im Straf-Isolator, wohin man die Autoritäten des Lagers für die Missachtung der Lagerregeln zum "Leiden" schickte. Wir "Politischen" jedoch gerieten direkt bei der

---

[8]   Hier i.S.v. "Faschisten" verwendet. (A.d.Ü.)

Ankunft ebenfalls *ins Loch*, einzig für die uns vorgeworfenen Straftaten – und erst nach zwei Wochen wurde uns erlaubt, endlich in unsere Baracke umzuziehen.

Selbst ein kurzzeitiger Austausch mit gewöhnlichen Kriminellen ließ also einen früheren Gefangenen der *Isolation* begreifen, wie sehr er innerlich verkrüppelt war. Die Kriminellen benahmen sich absolut gelassen, verhielten sich der Administration gegenüber selbstsicher und sogar frech, zeigten häufig ihren Sinn für Humor und waren guter Laune – obwohl sie im Gegensatz zu uns nicht die Aussicht auf einen Austausch hatten. Ich war verblüfft, als ich am Tag der Ankunft kurz mit einem Gefangenen sprechen konnte, der der Lageradministration bei der Aufnahme der Neuzugänge half. Es stellte sich heraus, dass er hier eine Strafe von fünfzehn Jahren absaß und schon fast am Ende seiner Haftzeit war. Dabei hielt er sich äußerlich hervorragend: Er war guter Dinge, scherzte ständig und wunderte sich aufrichtig über unsere Paragraphen und die Dauer unserer Haftstrafen, die geringsten zehn Jahre.

Diese verhältnismäßig ruhige Lebenshaltung der Verbrecher wird durch die jahrzehntealten Traditionen der Gefängniskultur mit ihren unausgesprochenen Regeln gewährleistet, die zu übertreten nicht einmal in dem *rötesten*[9] Lager erlaubt ist. Ich erinnere mich, wie ich jeden Tag *im Loch* korrigiert wurde, weil ich mit meinem Bewusstsein noch in der *Isolation* war. Wir saßen in einer schmutzigen, kalten Zelle, aber hier musste man nicht mehr unvermittelt aufspringen, wenn die Tür geöffnet wurde. Hier musste man nicht den Blick senken oder die Hände hinter dem Rücken verstecken. Hier konnte man mit "Sie" angesprochen werden. Nach achtundzwanzig Monaten "Viehzeug" und "Päderaste" inklusive des unerlässlichen Blicks auf die Schuhe von jemand anderem fiel es schwer, diese Erwartungshaltung zu korrigieren und sich wieder daran zu erinnern, dass man ein Mensch war.

---

[9]   "Rote" Straflager stehen unter strenger Kontrolle der Strafvollzugsbehörde, während die Unterwelt in "schwarzen" Lagern viele Autonomiebereiche hat. (A.d.Ü.)

Wahrscheinlich wird vielen dieser Vergleich unpassend erscheinen, aber die Welt des Verbrechens ist in ihren härtesten Formen – wie Unterbringung unter besonders strengen Haftbedingungen – eine ebensolche Welt der Symbole wie etwa eine Kirche. Ein Christ bekreuzigt sich zum Beispiel, wenn er eine Kirche betritt, und dabei sagen uns seine fünf Finger an der rechten Schulter, dass es sich um einen Katholiken handelt. In den runden Kerzenhalter stellt man die Kerzen für die Gesundung, auf dem viereckigen Tisch mit dem Kruzifix entzündet man die Kerzen für den Ewigen Frieden.

Am Verhalten des Gläubigen wird klar, wie oft er in die Kirche geht, wie sehr er diesem Lebenswandel folgt und wie vertraut er damit ist.

Das trifft auch auf die Welt der *Ponjatija* zu. Angefangen damit, wie jemand eine Zelle betritt und was er dabei sagt – und schließlich anhand seiner Intonation, seines Gangs, woraus erfahrene Gefangene erkennen, wer vor ihnen steht und ob dieser Mensch zum ersten Mal die Schwelle zum Gefängnis übertreten hat. In der Zelle selbst gibt es keinen Zufall. Die Pritsche des *Zellenoberhaupts* ist zum Beispiel üblicherweise die, die am weitesten von der Toilette entfernt ist und umgekehrt – näher am *Scheißloch* schlafen die Leute aus der niedrigsten Kaste. Die ersten paar Fragen in der "Verbrechersprache" geben ebenfalls eine Vorstellung vom Erfahrungsgrad im Gefängnisleben – wenn Sie überhaupt verstehen, wovon die Rede ist, weil sich diese Sprache je nach Region sehr stark unterscheidet.

In der *Isolation* galt all das nicht. Ich führe nur ein mir bekanntes Beispiel an. Bevor ein Wiederholungstäter in unsere Zelle, die vierte, gebracht wurde, saß er die Nacht zuvor in der Nachbarzelle, der achten. Alle in unserer Zelle hörten, wie er in die "Achter" geführt wurde. Aus Gewohnheit rief dieser alte Verbrecher: "Hütte, Grüße!", und bekam sofort von den ihn umringenden Leuten einige Schläge auf unterschiedliche Körperteile. All das geschah auf direkten Befehl der Administration, die der Ansicht war, dass der neue Gast der *Isolation* im Gespräch zu frech gewesen wäre und zudem nicht verstünde, dass er eine Plastiktüte über dem Kopf tragen

sollte. Das erfuhren wir, als der Mensch am nächsten Tag zurück-
haltend und mit den Worten "Guten Tag" aus der "Achter" in unsere "Vierer" kam, weil er wahrscheinlich befürchtete, dass ihn auch
hier so ein "warmer" Empfang erwartete. Jede Zelle lebte ihr eigenes Leben – je nach der Zusammensetzung und der Anzahl der
Menschen in ihr.

So wurde am ersten Tag allen neu in der *Isolation* Angekommenen eine der wichtigsten Regeln der Zelle erklärt: "Esst nicht,
trinkt nicht!" Für einen Menschen, der zum ersten Mal mit diesem
System in Berührung kam, war das ein Buch mit sieben Siegeln. Indes stellte sich heraus, dass man sie jedes Mal auszusprechen hat,
wenn man auf Toilette geht. In diesem Fall mussten alle Zellengenossen sofort mit Essen und Trinken aufhören, um nicht *in Kontakt
zu geraten*, was heißt, nicht das Ritual zu verletzen, um nicht in der
Rangfolge abzusteigen. Wer dagegen verstieß, den konnte eine
Strafe in Form eines Stücks Seife erwarten, die er vor allen essen
musste – was auch für einen Menschen galt, der es nur vergessen
haben konnte, diese Redensart vor dem Gang auf die Toilette auszusprechen. An diese Absurdität muss man sich gewöhnen. Stellen
Sie sich ein Dutzend Leute vor, die Tee oder Wasser trinken und
sogleich ihre Krüge auf die Pritschen stellen – kaum dass jemand
diese Worte ausspricht. Im Laufe eines Tages konnte man sie dut-
zendmal hören und es dauerte eine Woche, bis man sich daran ge-
wöhnte und es einem nicht mehr schräg vorkam.

In unserer Zelle endete diese Tradition, als der bereits erwähnte Wiederholungstäter zu uns kam. Wie sich herausstellte,
existiert die Regel "esst nicht, trinkt nicht" hauptsächlich an Orten
mit einfachen und mittelschweren Haftbedingungen und auch dort
nicht überall. Wenn in einer Baracke einige hundert Menschen sind,
ist es physisch unmöglich, jeden über seinen Toilettengang zu un-
terrichten. Unter den strengsten Haftbedingungen, unter denen
dieser Mensch zwanzig Jahre gesessen hatte, konnte, seinen Worten nach, ein Gefangener gemütlich mit einem Butterbrot jemandem gegenüber sitzen, der seine Notdurft verrichtete – ohne sich
oder anderen das Leben schwer zu machen. Ich muss sagen, dass

wir nach sechs Monaten "esst nicht, trinkt nicht" und fast krampf-
artigem Beobachten, ob die Toilette frei war, noch lange brauchten,
um uns von der Anspannung zu entwöhnen, die uns schon ab den
ersten Tagen hier wie bei Hunden antrainiert worden war. Aber das
trug seine Früchte: Als ich in die fünfte Zelle verlegt wurde, wo ungefähr ein Dutzend Menschen waren, konnte ich die Zellengenossen mit der Zeit davon überzeugen, sich von diesem Ritual zu trennen, was ich damit begründete, dass selbst eingefleischte Verbrecher darüber lachten.

Sauberkeit ist eine weitere Regel im Lager. Wahrscheinlich
eine der praktischsten und tatsächlich nötigsten Regeln und die Gefangenen halten sich streng und sorgfältig daran. Wer sie andererseits nicht beachtet, erhält eine spezielle "Einordnung", die diesen
Menschen in die Reihen der sogenannten *Teufel* versetzt, also Leute,
die nicht auf ihr Äußeres achten und in der Zelle die ganze Dreck-
sarbeit erledigen (in manchen Fällen werden sie sogar unter den
Pritschen gehalten). In der *Isolation* hatte die Administration diese
Regel ad absurdum geführt. Am ersten Tag meines Aufenthalts
hier haben wir den Zellenboden acht Mal geputzt – solange, bis das
Wasser im Eimer dieselbe Farbe hatte wie das, das aus dem Wasserhahn kam. Außerdem musste zum Beispiel die Gummimatte an
der Tür unbedingt im rechten Winkel zu ihr liegen. Sich auf die
Pritschen zu legen, war absolut verboten, die Kissen mussten in einer Linie liegen, ebenso wie das Bettzeug auf den Pritschen, auf denen man nur am Rand sitzen durfte. All das beobachteten sie sorg-
sam durch die Videokamera und gaben den Neulingen zu verstehen, dass jegliche Befehle oder Regeln der Administration – und
wenn sie auch absurd waren – rigoros zu erfüllen waren.

Was die untere Gefängniskaste, die sogenannten *Erniedrigten*,
betrifft, so gab es davon in der *Isolation* einige im Laufe der ganzen
Zeit. Sie aßen tatsächlich getrennt von den anderen, traten nicht an
den Tisch heran und hatten ihr eigenes (oft beschädigtes) Geschirr.
Aber die Sache war, dass die Administration selbst sie in diesen
Rang versetzte, aus ihrer eigenen Entscheidung heraus, die in kei-
nem Zusammenhang mit dem Kollektiv in der Zelle stand und erst
recht nicht mit den *Ponjatija* im Gefängnis. Ja, ein Mensch konnte

ans absolute Ende der Hierarchie geraten, allein weil er die Mittel nicht kannte, mit denen eine Persönlichkeit hier gebrochen und zum Unterschreiben der nötigen Unterlagen gebracht wurde.

Führen Sie sich dieses Bild vor Augen. Sie sitzen in der sogenannten "Luxus-Suite" – einer Zelle von anderthalb Mal zwei Metern, ohne Ventilation, mit zwei Pritschen und einem Fäkalieneimer. Plötzlich öffnet sich die Tür und noch bevor Sie es geschafft haben sich, wie die Instruktion es erfordert, wegzudrehen und eine Mülltüte über den Kopf zu ziehen (Neulinge bekamen oft ausgerechnet eine Mülltüte) werden Sie heftig in den Rücken geschlagen, begleitet von allen denkbaren Flüchen und dem Schrei: "Unter die Pritsche, Vieh!" Ein Mensch, der dieses System nicht kennt, versteht nicht, dass freiwillig unter die Pritsche zu kriechen um Längen übler ist als buchstäblich darunter geprügelt zu werden. Bei der zweiten Variante droht der Verlust der Gesundheit, während die erste im Endergebnis sowohl die Gesundheit kosten als auch Ihr ganzes Leben hier zerstören wird. Denn nach so etwas wurde der Mensch in eine spezielle *Druck-Hütte* geführt, also eine Zelle, in der ihn Gefangene mit einem engen Verhältnis zur Administration weiter erniedrigten. Hingeführt wurde er aber bereits mit dem "Hinweis" "der ist von unter der Pritsche", was bedeutete: Dieser Mensch wird in der Zelle die dreckigste Arbeit erledigen und häufig auch getrennt von den anderen leben.

Einmal erkundigte ich mich bei einem erfahrenen Verbrecher, wie solche Fragen überhaupt in Gefangenschaft entschieden werden und ob er sich nicht später in einem Lager gemäß der *Ponjatija* dafür wird rechtfertigen müssen, mit wem er in der *Isolation* gemeinsam gesessen hatte. Worauf er sagte:

"Welche *Ponjatija*? Sollen sie erst einmal diesen Ort definieren. Dass sie Gitter angeschweißt haben, macht daraus noch lange kein Gefängnis. Warum sitze ich mit Militärangehörigen? Warum werde ich von Milizen bewacht? Warum fahren vor dem Fenster Panzer? Warum sind hinter dieser Wand Frauen? Wo sind die vorgeschriebenen Normen für die Ernährung? Wir bekommen nicht einmal Brot. Wo sind Besuchstermine für Angehörige, den Anwalt?

Warum sind wir zu fünfzehnt, wo eigentlich nur drei einsitzen sollten? Warum brauche ich eine Plastiktüte, wenn sich die Tür öffnet?
Warum sich wegdrehen? Warum müssen wir morgens diese ver-
dammte Hymne singen? Ist das ein Gefängnis? Wir sind im Irrenhaus. Und in einem Irrenhaus gibt es keine *Ponjatija*. Ich habe mit
Leuten gesessen, die damals in den Neunzigern schon dreißig Jahre
hinter sich hatten – sie heißen *alte Weiber* bei uns: Greise ohne
Zähne, echte Gewohnheitsverbrecher durch und durch. Glaub mir,
die haben viel gesehen, aber von so etwas wie hier hat mir keiner
erzählt. Und dann dieses ganze Spiel mit den *Erniedrigten* ... Hier
verstehen sie nicht, dass das unsere Kultur ist, wir sind dafür gestorben, in Lagern leben sie Jahrzehnte danach. Man kann nicht einfach eine Sturmhaube überziehen, ein Maschinengewehr nehmen
und jemanden zum *Erniedrigten* machen. Und überhaupt: Okay, sie
haben keinen Penis hinten reingesteckt, sondern eine Elektrode. Ir-
gendwen haben sie gestern gefoltert und ihm hinten eine Elektrode
reingeschoben. Danach haben sie ihn in unsere Zelle gebracht. Was
ist besser? Was soll man davon halten? Wenn man danach geht,
dann müsste die halbe Zelle getrennt von den anderen schlafen und
aus angeschlagenem Geschirr essen. Aber wem soll man das hier
erklären?"

Wie zu bemerken ist, war es für ehemalige Verbrecher psychologisch alles andere als leicht in der *Isolation*. Die Regeln ihrer gewohnten Welt griffen hier nicht, die Identität des Gefangenen
wurde zerstört. Er verstand nicht mehr, wer und wo er war, wie er
sich an einem Ort benehmen sollte, dessen äußerliche Form an ein
Gefängnis erinnerte, der aber eigentlich eine Mischung aus Irrenhaus und Armee ist. Dennoch unterschied sich das Verhalten dieser
Menschen wesentlich von dem der Zivilisten oder Militärs in der
Isolation.

So zeigte sich die Angewohnheit der Verbrecher, sich zuerst
dafür zu interessieren, was ein Mensch braucht, auch hier in der
Isolation. Noch vor allen Fragen – was der Hintergrund eines neu
Angekommenen war, wie und wofür er hierher geraten war – boten
die Verbrecher des alten Schlags immer einen starken Tee an, ein
Stück Seife (wenn es zu finden war), alte Kleidung. Und erst danach

klärten sie im Verlauf des Gesprächs, mit wem sie es bei ihrem neuen Nachbarn zu tun hatten. Dieser Unterschied in der Kontaktaufnahme und dem Verhältnis zu Menschen fiel sofort ins Auge, wenn derjenige, der in der Zelle den Ton angab, jemand von den örtlichen Milizen war. Diese Leute versuchten zuerst, eine Art Verhör mit dem neuen Gefangenen zu veranstalten, um nach den hiesigen *Ponjatija* zu spielen und abzuklären, welchen Schlafplatz der Neue bekommen sollte und ob er überhaupt ein *korrekter* Mensch war. Je mehr ich in die Tiefen der Verbrecherwelt und ihrer Regeln vordrang, desto absurder wurde das, was hier vorging. Es hätte sich ja kein einziger Verbrecher vorstellen können, dass die Administration selbst die *Zellenoberhäupter* ernannte und dann auch noch einen der Milizen, die in ihrem Drang, vermeintlich nach den *Ponjatija* zu leben, alles auf den Kopf stellten.

Oft provozierte die Administration selbst ein Spiel gemäß der *Ponjatija* zwischen den von ihr eingesetzten *Zellenoberhäuptern* und gewöhnlichen Gefangenen. So baten wir einmal im Keller der *Isolation* um einen Spiegel, worauf uns die Verwaltung riet, öfter in den gefüllten Fäkalieneimer zu schauen, auf dessen Oberfläche man, wenn man sich nicht auf den Inhalt konzentrierte, tatsächlich sein eigenes Spiegelbild erkennen konnte – in Litern von Urin. Natürlich mussten die Gefangenen selbst dieses Behältnis aus dem Keller tragen, was dem Chef der *Isolation* zur weiteren Erheiterung diente. Hochgeschleppt werden musste es über eine sehr steile Treppe und die Administration zögerte es vorsätzlich hinaus, bis das Behältnis übervoll war und die Fäkalien sich über den ergossen, der von unten trug. Oft wurden frisch angekommene Gefangene für dieses Unterhaltungsereignis zum Tragen herangezogen – mit Plastiktüte über dem Kopf, die sie nur leicht anhoben. Im Ergebnis kehrte der Mensch ganz mit Fäkalien überschüttet in den Keller zurück und hatte keine Möglichkeit, sich normal zu waschen, da das Wasser nicht einmal zum Trinken reichte. Er wurde sofort zum Objekt von Spott und Vorhaltungen vonseiten derer, die die Administration zu *Zellenoberhäuptern* in diesem Keller ernannt hatte: Jetzt behandelten sie den, der gerade ihre Notdurft hinausgetragen hatte, mit Verachtung und bezeichneten ihn als jemanden, der durch *Kontakt mit Un-reinem* in der Hierarchie gesunken sei, was die Administration nicht ohne Vergnügen über die Videokamera beobachtete.

Warum brauchten wir überhaupt einen Spiegel in diesem Keller? Das hat ebenfalls mit dem *Verbrecher*-Spiel zu tun. Jeder musste sich eine Glatze schneiden und wegen der Kaste der *Erniedrigten*, von denen einer ebenso abgetrennt im Keller wohnte, zogen es alle vor, das selbst zu machen. Aber selbst für ein übersehenes Haarbüschel konnte man vom Chef der *Isolation* Prügel beziehen, weswegen wir das *Kelleroberhaupt* dazu überredeten, um einen Spiegel zu bitten – wenigstens für einen Tag. Die Antwort kennen Sie.

Im Gefängnis gibt es seine eigenen Vorzüge, so seltsam das ist. Es sind nicht viele, aber es gibt sie. Und einer dieser Vorzüge besteht darin, dass das Wort "Ja" "Ja" bedeutet und das Wort "Nein" "Nein". Es gibt keine Schattierungen. Wenn ein Gefangener, ein Verbrecher, erst "Ja" und danach "Nein" oder "Jein" gesagt hat, dann wird er bis zum Ende seiner Haftzeit Probleme haben. Diese Praxis kommt eigentlich nicht aus dem Gefängnis, sondern noch aus der Bibel ("Euer Ja sei ein Ja, euer Nein ein Nein; alles andere stammt vom Bösen"), aber sie hat sich in der Gesellschaft nicht durchgesetzt, in einer Gefängnisumgebung gilt sie jedoch recht streng. Bei den in Streitsituationen vorgesehenen Treffen, bei denen über jemandes Schicksal entschieden wird, gehen die Verbrecher nach den klassischen, noch sowjetischen *Ponjatija* ausschließlich mit kurzen Fragen und Antworten, die sie von den Konfliktparteien einfordern, vor. "Hast du das gesehen?", "Bestätigst du das?", "Hat er das gesagt?", "Warst du persönlich dabei?" – so also eine Aufzählung der simplen Fragen, auf die sie entweder ein "Ja" oder ein "Nein" erwarten. Dabei muss man verstehen, dass jedes Ihrer Worte in einem solchen System Ihre Zukunft auf Jahre hinaus bestimmt. Was ist gemeint?

Ein *Geschlossenes*, also ein besonderes Lager mit maximaler Sicherheitsstufe für gefährliche Wiederholungstäter, von wo aus diese *Ponjatija* "diktiert" werden, ist so aufgebaut, dass man mit demselben Menschen zehn und mehr Jahre in einer Zelle sitzen kann. Seine Bewohner, die *Geschlossenen*, können jahrelang abwarten, bis einer ihrer Feinde unter den Zellengenossen, den sie über Jahrzehnte hassen, einen Fehler macht. Und wenn eine Streitsituation geklärt wird und Sie vor langer Zeit einmal "Ja" gesagt haben und einige Jahre später "Nein", dann können Sie sich sicher sein, dass Ihnen das vorgehalten wird. Die *Geschlossenen* vergessen nicht und sie verzeihen nicht – sie warten nur und halten ihre Argumente für den passenden Fall parat. Deswegen ist es so wichtig, an jedem Wort zu feilen, das in einem beliebigen Gefängnis ausgesprochen wird.

Einmal wurde mir in der *Isolation* die Nase gebrochen. Nicht von der Administration, sondern durch einen Zellengenossen, einen eingefleischten Verbrecher, der dreiundzwanzig Jahre unter strengsten Haftbedingungen gesessen hatte und in den Neunzigern und Nullern im Umfeld der sogenannten *Diebe im Gesetz* unterwegs war. Zu diesem Zeitpunkt war die Atmosphäre in der Zelle bis zum Äußersten angespannt. Buchstäblich einen Tag davor hatte ich gesagt, dass wir bald wegen des Schweigens aufeinander losgehen würden. Keiner von uns hatte noch eine Vorstellung davon, was ihn weiter erwarten würde. Wir waren alle so verschieden, dass die Zusammensetzung der Zelle zeitweise als ein Experiment erschien, ein Surrealismus im digitalen Auge der Videokamera: ein Journalist, ein Geheimdienst-Veteran, ein überzeugter Verbrecher mit Wiederholungstaten, ein LKW-Fahrer, ein früherer ukrainischer Soldat, ein paar sogenannte "Aufständische" und ein gewöhnlicher Bergmann, der inzwischen schon zum "Spion" geworden war. Fehlendes Essen, dreißig bis fünfzig Gramm Brot am Tag; die Weigerung, selbst die von uns ins Gefängnis zu verlegen, die schon verurteilt waren; die Ungewissheit über den Austausch; zudem dieser Ort an sich – alle waren so erschöpft, dass ein Funke im Alltag, ein Nichts, das nicht der Rede wert war, zu so einem Ergebnis führte. Ich sagte ein Wort, er sagte ein Wort. Ich wurde missverstanden, sagte erneut, dass er mich falsch verstanden habe. Worauf ich hörte: "Ich sage dir vor den anderen zum dritten Mal: Wenn du nicht den Mund hältst, schlage ich dir den Schädel ein." Ein paar Sekunden

später war ich schon blut- und tränenüberströmt und hatte eine gebrochene Nase, da dieser Mensch mich doch falsch verstanden
hatte und ich nicht schweigen konnte. Nachdem man diesen Menschen sein ganzes Leben in den Lagern gelehrt hatte, um jeden Preis
zu überleben, versuchte er ferner noch, mir das Auge herauszudrü-
cken. Und ohne ein paar Jungs in der Zelle hätte ich keine Chance
gehabt: Einer sprang ihm förmlich an den Hals (man muss wissen,
dass mein Gegenüber an die zwei Meter groß war) und zog ihn von
mir weg.

Eine halbe Stunde später, als ich schon mit Taschentüchern in
der Nase und einem komplett zugeschwollenen Auge auf der Pritsche lag, setzte sich genau dieser Gefangene mit seinem riesigen
Metallkrug voll kaltem Wasser (Verbrecher des alten Schlags trinken aus einer Reihe von Gründen nur aus Metallgefäßen) neben
mich, hielt ihn mir gegen das Auge und sagte: "Stas, ich habe mich
noch nie im Leben bei irgendwem entschuldigt." Er hat sich auch
nicht entschuldigt. Aber wir haben einander verstanden, wie Gefangene das tun sollten – ohne unnötige Worte. Haben einander
hauptsächlich deswegen verstanden, weil uns beiden klar war:
Meine gebrochene Nase und das geschwollene Auge lagen an den
Wänden um uns herum und nicht im mindesten an dem, was der
eine zum anderen gesagt hatte.

Ich weiß nicht warum, aber ich unterhielt mich gern mit denen, die noch vor der *Isolation* kolossale Haftzeiten abgesessen hatten. Abgesehen davon, dass diese Menschen oft banale Regeln für
das Überleben in einem System aus Haftzellen erklärten, die mit
den Besonderheiten des Organismus, insbesondere Atmung und
Herz, in einem geschlossenen Raum zu tun haben, hatten sie noch
ihre eigenen, besonderen Vorstellungen über eine Wertewelt, die
auf fünf bis sechs Meter reduziert ist. Natürlich geht es dabei nicht
um derart pragmatische Dinge wie ein sauberes Bettlaken oder eine
Dusche, die länger als fünf Minuten währt – all das schätzt jeder
Gefangene, der sich plötzlich wieder in Freiheit befindet. Allein die
Möglichkeit, in einem weichen Bett zu schlafen und nicht auf rauen
Brettern, ist schon ein Segen – ein Gefühl, das ich bis jetzt nicht verloren habe und bei jedem Bettenbeziehen empfinde. Aber ich rede

von bedeutenderen Dingen, die über die *Ponjatija* hinausgehen und einen Sinn für diejenigen stiften, die dazu verdammt sind, jahrelang auf Brettern zu schlafen.

Einmal bat ich einen solchen Menschen um Nitroglycerin; nachdem sie mir ein weiteres Mal die Verlegung ins Gefängnis verweigert hatten. Allein Gott weiß, wie es ihm gelungen war, ein ganzes Gläschen dieser Tabletten in der *Isolation* aufzubewahren, das sie im schon vor einem Jahr als "Bonus" nach der Folter ausgehändigt hatten. Aber ich wusste, dass er sie hatte und wollte versuchen, einen Herzanfall zu simulieren, um wenigstens in die Krankenabteilung des Gefängnisses zu kommen und diesen verfluchten Ort verlassen zu können. Die Umsetzung hätte nicht in der *Isolation* stattfinden dürfen, wo solche Sachen keinerlei Reaktion außer Grinsen hervorrufen, sondern während einer Fahrt ins *Kontor*, die in einigen Tagen für mich anstand. Andererseits kümmerte mich ein möglicher tödlicher Ausgang auch nicht mehr.

Nachdem dieser Mensch mich angehört hatte, sagte er, dass er einmal für einen schweren Raub mit Schießerei seine längste Strafe bekommen habe – elf Jahre, zudem direkt zu den schärfsten Haftbedingungen. Als er in diesem speziellen Lager angekommen war, habe er seine Zelle lange und aufmerksam betrachtet, bis er endlich verstanden hatte, dass er genau in ihr die ganzen elf Jahre würde sitzen müssen. Bis just dieses Verständnis da war, er also das Gefühl erreicht hatte und nicht nur über diese Überlegung nachdachte. Danach entschied er sich zum Selbstmord, wollte aber davor noch mit einem der *Diebe* sprechen, mit dem er bereits in Freiheit einen engen Kontakt unterhalten hatte. Er rief ihn direkt aus der Zelle an. Ich weiß nicht, was der *Dieb* ihm gesagt hatte, wie er ihn überzeugt hatte, die ganze vorgesehene Strafe abzusitzen, aber mir sagte dieser Mensch Folgendes:

"Das Gespräch lief darauf hinaus, dass das Wichtigste ist, nicht zu verhärten. Genau darin liegt die Wurzel des Problems bei denen, die jahrelang von Pritsche zu Pritsche wandern. Von diesen elf Jahren unter härtesten Haftbedingungen habe ich neun abgesessen – bin aber nicht hart gegenüber der Welt geworden. Hier sitze ich erst ein Jahr – und ich hasse schon jeden, mich eingeschlossen.

Vielleicht willst du einen Anfall simulieren, vielleicht aber auch dich umbringen. Ich werde dir nicht so viele Tabletten geben, weil ich die Antwort auf die Frage nicht kenne: Was genau willst du? Wenn es aber das Zweite ist, dann denke darüber nach: Verhärtet zu sterben ist das Gleiche, wie umsonst zu verrecken. Und an diesem Ort ist das Schlechteste, was du ihnen antun kannst, zu überleben und von allem zu erzählen."

Interessant ist, dass Sie keine größeren Zyniker als diese Menschen finden werden. Die Jahrzehnte hinter Gittern unter den härtesten und gefährlichsten Bedingungen zwingen sie, nicht nur das Leben eines anderen mit aller Strenge zu betrachten, sondern auch ihr eigenes. Manchmal scheint es, dass solche Menschen schon nicht mehr in der Lage sind, an irgendetwas zu glauben: Hier untergebracht für besonders schwere Verbrechen (Raub und Tötungsdelikte) beobachten sie jahrzehntelang, wie Menschen versuchen, hinter diesen Wänden zu überleben. Was immer mit Lüge, Verrat, Angst und Erniedrigung verbunden ist. Aber genau sie, diese Verbrecher durch und durch, werden sich zu Ihnen auf die Pritsche setzen, wenn sie sehen, dass es Ihnen schlecht geht, und beginnen ein Gespräch. Genau sie teilen das Letzte mit denen, die sie selbst ein Jahr später ohne die geringsten Emotionen abstechen können. Und genau bei diesen Leuten habe ich den größten Hass auf die *Isolation* angetroffen – einen solchen, wie ich ihn selbst fühlte. Sie hassten diesen Ort nicht für die Folter, die man ihnen antat. Und nicht einmal dafür, dass ihre Haftstrafen bei zwölf Jahren begannen – für Spionage, von der die meisten von ihnen nur aus Filmen gehört hatten. Dieser Hass entstand aus dem Absurden – weil dies alles nur ein Spiel war. Wenn sie in den besonders strengen Lagern waren, geschah dort viel von dem, was in der *Isolation* täglich praktiziert wurde. Sie wurden auch verprügelt, man quälte sie mit Hunger, warf sie in den Karzer, einzig die elektrischen Stromschläge waren eine Neuheit. Aber wie mir einer von ihnen sagte: "Ich wusste immer, wofür etwas mit mir geschieht." Das ist ein Teil des Lebens, eine Herausforderung des Systems, das sie verachteten und das es ihnen mit der gleichen Münze heimzahlte. Darin lag we-

nigstens ein Sinn. In der *Isolation* wurden diese Sinnzusammen-
hänge aufgelöst. Es war unwichtig, wer Sie vor der Gefangenschaft
hier waren: ein Verbrecher, ein Bergarbeiter, ein Journalist oder ein
Soldat, ein Mann oder eine Frau, jung oder alt. Die Sinnlosigkeit des
täglichen Leidens empfanden diese Menschen stärker als die, für
die in der *Isolation* ihre erste Haftzeit begann. Ich gehörte zu den
Neulingen, aber in diesem Gefühl ähnelten die *Geschlossenen* und
ich uns.

Ein weiteres Prinzip der Gefängniskultur ist die Überzeugung, dass man ein Gefängnis zerstören muss, nicht aufbauen. Das
heißt, dass jegliche Arbeiten, die auf den Bau oder die Verbesse-
rung eines Gefängnisses oder Lagers gerichtet sind, kategorisch
verboten sind. Ich saß mit einem Menschen, der über ein halbes Jahr
in Straf-Isolatoren verbracht hatte – weil er sich geweigert hatte, im
Lager Draht zu flechten, von dem ein Teil später zur Umzäunung
eben dieses Lagers verwendet wurde. "Ich werde mich nicht selbst
einsperren", so hatte er es der Administration gesagt und lief deswegen noch lange auf den Hofgängen in "Achtern": In seiner Straf-
zelle wurden die Pritschen morgens hochgeklappt und am Abend
abgesenkt und alles, was er tagsüber machte, war, in "Achtern" die
zwei Pfosten zu umlaufen, auf die das Bett abgesenkt wurde. Dieser
Gang in "Achtern" verfolgte ihn noch lange, selbst nachdem er wieder aus dem Isolator herausgekommen war.

In der *Isolation* galt diese Regel nicht. Alles – von den Gittern
bis zu den Pritschen – war hier mit den Händen der Gefangenen
gemacht worden, die zur Arbeit herangezogen wurden, ohne dass
jemand sie nach ihrer Meinung fragte. Natürlich wussten die meisten Gefangenen nicht einmal davon, dass es nach den *Ponjatija* verboten war zu arbeiten. Der morgendliche Signalton zum Wecken,
die Schreie "Zum Ausgang!", Schläge schon im Korridor und den
ganzen Tag Schweißarbeiten in der Sommerhitze ließen nur Raum
für den Gedanken ans Überleben. Die Frage, ob das hier ein Gefängnis oder Kriegsgefangenschaft war, interessierte höchstens
Menschen mit früherer Hafterfahrung, von denen einer zudem ein
überzeugter Nazi war.

Es ist interessant, dass Tätowierungen mit Nazi-Symbolik – wie Hakenkreuz oder Eisernes Kreuz – in der Gefängniskultur im postsowjetischen Raum bedeuten, dass der Gefangene das Gefängnissystem negiert. So ein Gefangener arbeitet nie und zieht den Straf-Isolator den Befehlen der Administration vor, lebt nach den *Ponjatija* und strebt in der kriminellen Welt nach oben. Genau mit so einem Menschen war ich einmal in einer Zelle der *Isolation*, aber mit einer Besonderheit: Er war zudem tatsächlich ein Anhänger des Dritten Reichs. Er verblüffte mich, als er mir aus dem Gedächtnis die kompletten Biografien von Röhm und Hess erzählte oder den örtlichen "Antifaschisten"[10] sogar noch mit Paketklebeband gefesselt sagte, dass das Hakenkreuz auf seinem Arm ein Teil des Gefängnisspiels sei.

Ich erinnere mich an genau diesen Menschen nicht zufällig; denn er empörte sich lange Zeit, dass es in unserer Zelle eine Klimaanlage gab. "Ein Gefängnis muss zerstört werden, nicht gebaut. Und ihr habt alles Mögliche hierher gebracht." Weil er sich – wie auch sonst alle, die zuvor im strengen Vollzug waren – durch einen guten Sinn für Humor auszeichnete und wir ein normales Verhältnis hatten, fragte ich ihn sogleich: "Hast du das jetzt als Nazi oder als Gefangener gesagt?" Aber die Rolle eines aalglatten Wiederholungstäters gewann dann doch die Oberhand: Kaum hatte er verstanden, dass die Arbeit im Freien die Möglichkeit bot, näher an der Kantine zu sein, begann er sofort, beim Bau eines Checkpoints zu helfen. Als er schon in eine andere Zelle verlegt worden war – zu denen, die ein enges Verhältnis zur Administration hatten –, trafen wir uns zufällig beim morgendlichen Hofgang.

"Ist es nicht verboten, ein Gefängnis zu bauen?", fragte ich ihn mit einem Lächeln und erinnerte an die Klimaanlage. Worauf er antwortete: "Ich baue kein Gefängnis, ich baue an einer Befestigungsanlage."

Diese Verschwommenheit zwischen *Ponjatija* und den Lebensumständen in der *Isolation* machte sich bei allem bemerkbar. In

---

[10]   Die sogenannten "Volksrepubliken" im Donbass sind nach eigenem Bekunden antifaschistisch. (A.d.Ü.)

der Zelle konnten alle sagen "Esst nicht, trinkt nicht", aber trotzdem jemanden beim Schlafen stören. Denn nach dem Gefängniskanon ist es verboten, einen Menschen zu wecken, selbst wenn er stark schnarcht. "Der Schlaf ist heilig" kann man oft hören, weil der Gefangene während des Schlafs nicht leidet, sein Bewusstsein ist nicht mit dem Gefängnis verbunden, obwohl die Haftzeit weiter läuft. Nach den alten Gesetzen darf man einen Menschen im Schlaf sogar weder mit dem Messer verletzen noch töten. Und während letzteres in der *Isolation* kein Problem war, wurde die Regel "nicht wecken" nicht nur nicht beachtet – in den Zellen, die der Administration nahestanden, wurde ein Schnarchender sogar manchmal für die ganze Nacht an die Wand gestellt oder sie stellten einen *Erniedrigten* für ihn ab, der darauf achtete, dass derjenige die anderen nicht beim Schlafen störte und selbst nicht schlief. Deswegen hielten die Gefangenen mit Vorerfahrung die hiesige Administration und die mit ihnen einsitzenden Milizen für *Automatische* – mit diesem speziellen Wort bezeichneten sie die, die außerhalb der *Ponjatija* stehen, nicht selbstständig denken können und nur in der Lage sind, fremde Befehle auszuführen. Kaum lief etwas nicht so, winkte der Wiederholungstäter in Richtung Tür ab und sagte: "*Automatische*. Was willst du von denen erwarten?"

In diesem Sinne hatten einige Verbrecher auch gegenüber uns Zivilisten eine negative Haltung. Ich erinnere mich, wie wir untereinander erörterten, dass es den Begriff "Mensch" für die Administration nicht gebe. Einer, der früher im strengen Vollzug war, hörte uns lange und schweigend zu und hielt dann eine ganze Rede (ich gebe sie nicht wörtlich wieder, aber der Sinn ist getroffen):

"Ihr sagt 'Menschen, Menschen'. Aber was ist bei euch vom Menschsein übrig geblieben? Denn Menschen benehmen sich nicht so. Wenn ihr Menschen seid, warum zittert ihr, wenn sich die Tür öffnet? Warum lauft ihr sogar in der Zelle mit den Händen hinter dem Rücken herum? Warum vermeidet der da zu oft auf die Toilette zu gehen, um nicht am überstrichenen Fenster vorbeigehen zu müssen? Weil sie ihm gestern in einer anderen Zelle gesagt haben: 'Wenn du noch einmal ans Fenster gehst, dann nehmen wir uns erst

deine Nieren und später dich vor.' Das Fenster ist überstrichen, verstehst du? Überstrichen! Da sieht man auch so nichts. Aber ihnen
ist es wichtig, dich in Angst zu halten. Eine Flasche klickt – der
ganze Keller springt auf, will schon die Plastiktüten über den Kopf
ziehen, hat gedacht, die Tür öffne sich. Menschen … Die Betten
werden heute nicht mal in der Armee auf Kante gemacht. Und hier
hängt ein Stück Bettdecke und schon geht es in den Karzer. Alles
soll wie mit dem Lineal gezogen sein? Also gut, dann verbieten sie
uns morgen, überhaupt auf den Pritschen zu sitzen, weil alles per-
fekt gerichtet ist. Das gab es hier schon. Ja, man muss keinen Ärger
suchen, das ist besser so. Aber ein wenig kann man dieses System
zum Wackeln bringen. Heute hast du einen Tadel für die Bettdecke
bekommen, du hast es nicht verbessert – morgen schweigen sie deswegen vielleicht. Du kommst in den Karzer? Ja, unangenehm, aber
es wird klar, dass man noch etwa versuchen muss. Sie haben uns
selbst so eingeschüchtert, dass wir bald unter die Pritschen kriechen, einfach nur zum Atmen. Ja, ich verstehe euch. Einer lebt
schon zwei Jahre hier und hat kein anderes Leben gesehen. Ihr wart
nicht im Lager und wisst nicht, wie Menschen leben. Echte Menschen, nicht Gewächse, in die sie uns hier verwandelt haben. Ich
habe aber zwanzig Jahre abgesessen und weiß ein paar Dinge. Und
ich weiß sicher, dass das hier ein Irrenhaus ist."

Derselbe Verbrecher sagte mir übrigens einmal noch etwas anderes, seine Worte demonstrierten ein weiteres Mal, was die *Isolation* in den Augen derer war, die, wie es schien, schon alles gesehen
hatten:

"In unserer Welt heißt es: 'Habe Respekt vor der abgesessenen
Zeit.' Ein Mensch kann zu Recht verurteilt worden sein oder auch
nicht. Er kann in dieser Zeit etwas an sich ändern, er kann so bleiben. Aber wenn du sieben, zehn, zwölf Jahre gesessen hast, dann
wirst du in unserer Welt schon allein deswegen angehört. Du hast
selbst in der *Isolation* gespürt, was das ist. Du magst mir in vielerlei
Hinsicht nicht gefallen. Zudem bist du ein Journalist, ich ein Verbrecher, wir sind aus unterschiedlichen Welten. Aber hier, an diesem Ort, zählt ein Tag wie fünf. Du sitzt ein Jahr – rechne, dass du

fünf hinter dir hast. Das sage ich dir, ein Mensch, der das halbe Leben im strengen Vollzug gesessen hat, wo du in eine Zelle kommst
und wegen des Rauchs vom Zeitungspapier der Selbstgedrehten
nicht einmal die Pritschen siehst. Und trotzdem war das besser als
dieser Ort hier. Ich werde dich also immer anhören – wie auch jeden anderen –, allein deswegen, weil ihr hier wart und nicht verrückt geworden seid."

Kapitel 3: Angst

Die Angst nimmt einen besonderen Platz im System des Gefange-
nenlebens ein. Vor allem deswegen, weil es kein Leben ist, sondern
ein System, das dazu berufen ist, die Persönlichkeit mittels Repres-
sionen und Zwang zu unterdrücken, sie in dem allgemeinen Kessel
der Wendungen aus "Gesicht zur Wand!", "Kopf nach unten!" auf-
zulösen und einem einheitlichen Verhaltensmodell zu unterwerfen.
Und in diesem Modell existiert nur eines – der Wille der Administration. In der Tat, wenn es gelingt, dieses Gefühl im Innern eines
Menschen anzusiedeln – das Gefühl ständiger Betäubtheit –, dann
verwandelt sich die Persönlichkeit in gefügigen Ton, aus dem man
alles Beliebige formen kann. Eine Ausnahme stellen die Fälle dar,
in denen die Furcht vor Schlägen oder Folter es einem Menschen
nicht einmal erlaubt, das Kommando zu befolgen, das ihn scheinbar vor genau diesen Schlägen bewahren kann. In diesem Fall erlebt der Mensch eine vollständige Lähmung des eigenen Willens
und selbst äußere Anreize – wie Schläge oder Drohungen – können
ihn nicht immer aus diesem Zustand zurückholen. Somit war die
Hauptaufgabe der Administration der *Isolation*, den Menschen das
Fürchten zu lehren – systematisch und rund um die Uhr (manchmal trat die Angst als nächtliche Albträume auf oder darin, dass
man auf nächtliche Besuche wartete), Folter und Erniedrigung waren schon eine Folgeerscheinung.

Entgegen der verbreiteten Meinung kann man sich auf unterschiedliche Arten ängstigen. In der *Isolation* empfand ich eine solche Vielzahl von Schattierungen der Angst – vom Schrecken beim
Gedanken an den Tod, als ich plötzlich merkte, dass ich nicht einmal atmete, bis zu Unruhe – sodass ich mich nicht entscheiden
kann, was vorherrschend war. Jedoch tritt die tiefste Angst nicht
während der Folter auf, sondern als psychologische Schleife in einer relativ ruhigen Umgebung, wofür meine eigene Erfahrung als
Beispiel dient. So erlaubte ich mir, nachdem wir aus dem Keller des
Kontors in die helle Zelle der *Isolation* mit Toilette und Waschbecken
verlegt worden waren, nicht einmal unnötige Bewegungen, obwohl

ich es im Keller des *Kontors* geschafft hatte, die mir zustehenden sechs Schritte der Zellenlänge – vom Gitter bis zum Bett – zu rennen. In der *Isolation* jedoch war es uns verboten, Richtung Fenster zu sehen (obwohl sie mit weißer Farbe überstrichen waren), ebenso wenig zu den Videokameras und zur *Futterluke*, einem kleinen Fensterchen in der Tür, durch das das Essen ausgegeben wurde. Nachdem mit diesen Objekten fast alle Seiten des Raums erschöpft waren, musste man direkt vor sich starren, auf die Wand oder den Boden, in absoluter Stille und ohne sich zu rühren. Letzteres war keine Anweisung der Administration, aber die Furcht beherrschte mich so sehr, dass ich mir nicht erlaubte, einmal zu oft zur Toilette zu gehen. Warum? Die Antwort ist einfach: Ich wusste, wohin genau sie uns gebracht hatten.

Noch als ich im Keller des *Kontors* gesessen hatte, hatte ich von denen, die schon in der *Isolation* gewesen waren, viel über sie gehört. Besonders tief beeindruckt hatte mich die genaue Erzählung über einen Menschen, dem sie nicht nur einfach den Hodensack während der Folter mit Strom zerrissen, sondern ihn auch in einem Sarg vernagelt und nach draußen getragen hatten und dann begannen, Schotter oben drauf zu werfen – um einen "Gogol-Effekt"[11] zu erzielen, wie sich einer der Beteiligten ausdrückte. Jetzt kann ich darüber offen sprechen, da sowohl Zeuge als auch Opfer diese Hölle überleben konnten und schon in Freiheit sind. Aber in diesem Moment, nachdem sie mich gefoltert hatten und ich im Keller saß, war ich so betroffen von den Vorgängen im "Donezker Dachau" (wie mein Nachbar jenseits der Wand die *Isolation* nannte), dass die Angst, dorthin zu geraten, mich schon völlig erfasst hatte. Und obwohl sie uns mit Säcken und Plastiktüten über den Köpfen aus dem Keller führten, verstand ich, der ich Donezk gut kenne, anhand der Abzweigungen, die das Auto nahm, dass sie uns nicht ins Untersuchungsgefängnis brachten.

---

[11]   Der Schriftsteller Nikolaj Gogol, Narkoleptiker, hatte Angst davor, lebendig begraben zu werden. (A.d.Ü.)

Auch die Worte eines "Spartaners" (ein Mitglied des sogenannten Bataillon "Sparta"[12]), den sie aus dem "Dachau" in den Keller zurückgebracht hatten, brachten keine Hoffnung. "Wenn du
deine Gesundheit bewahren willst, darfst du nicht in die *Isolation*."
Ich fragte naiv nach der Stromfolter, weil ich dachte, dass es darum
ginge, worauf er antwortete: "Das ist schon Schnee von gestern. Sie
können dich nackt ausziehen, dich mit ausgestreckten Händen an
die Wand stellen, und von hinten schlagen sie dir mit einem speziellen Rohr auf Eier und Glied, bis die anschwellen wie bei einem
Stier." Die Position an sich hieß "die Wand halten", die Handflächen
waren oberhalb des Kopfs auf die Wand zu legen, und man musste
so stehen bleiben, bis Beine und Arme einschliefen und man einfach
auf den Boden fiel, was in der *Isolation* tatsächlich als leichteste
Strafe praktiziert wurde. Und während ich mir im Keller des *Kontors*, nachdem sich der erste Schock gelegt hatte, Gedanken über
Abstraktes erlauben konnte (und sogar sie aufzuschreiben, was ein
klarer Indikator für psychische Stabilität ist), so war in der *Isolation*
düstere Angst über mehrere Monate meine einzige Realität. Essen
und uns fürchten waren alles, wozu wir damals in der Lage waren.

Es wäre ein Fehler zu meinen, dass Gefangene vor rein körperlichen Schmerzen oder sexueller Gewalt Angst haben. Eine Beobachtung der Ereignisse über viele Monate überzeugte mich davon, dass wir uns alle im Zustand eines psychologischen Komas
befanden – unabhängig davon, ob in dem jeweiligen Moment un-
mittelbarer Zwang gegen uns angewandt wurde oder nicht. Diesen
Gedanken veranschaulicht die Situation eines Menschen, der jeden
Tag in der *Isolation* ein sogenanntes "Lungenröntgen" verpasst bekam. Während der Essensausgabe hielt er seinen Brustkorb vor die
schon erwähnte *Futterluke* und nach einiger Zeit, nicht sofort, traf
ihn ein gewaltiger Faustschlag durch die Tür. Schließlich wurde es
zum Vergnügen, ihn einfach an der Tür stehen zu lassen, mit zusammengekniffenen Augen und am ganzen Körper zitternd, aber
einen Schlag erhielt er doch nicht. Wenn man es etwas weiter fasst,
dann geschah etwas Ähnliches mit uns allen: Unabhängig davon,

---

12   Bewaffnete Formation aufseiten der "Donezker Volksrepublik" (A.d.Ü.)

ob sie uns schlugen oder nicht, mussten wir alle zittern, weil wir sekündlich einen Schlag erwarteten.

Wie es bei jeglichem Extrem der Fall ist, verwandelte sich auch die pathologische Angst eines Bewohners der *Isolation* ab einem bestimmten Zeitpunkt in pathologische Gleichgültigkeit. Jedoch folgt daraus überhaupt nicht, dass wir alle zu Helden wurden. Nein. Ein Held ist die Summe aus Angst plus Tat. Wir waren Gleichgültigkeit plus Kollaps. Ein ständiger Reiz wird nicht mehr gespürt – daran sollte jeder denken, der vorhat, Menschen über einen langen Zeitraum zu quälen. Genau deswegen rief der Schlag mit dem Gewehrkolben gegen die Tür (eines der beliebtesten nächtlichen Vergnügen) irgendwann nur noch einen gläsernen Blick bei denen hervor, die noch kürzlich bei jedem Klicken zusammengezuckt waren.

Kapitel 4: Das absolute Böse

Wenn ich über die *Isolation* spreche, vermeide ich bewusst Nachnamen und sogar Vornamen. Gegenüber denen, die diesen Ort durchlebt haben, wäre jeder Name nicht angebracht. Stellen Sie sich eine Frau vor, die Folter und Vergewaltigung erfahren hat, und für die allein der Gedanke an die Vergangenheit ein Trauma ist. Und plötzlich erkennt sie sich auf diesen Buchseiten. Das Gleiche gilt auch für Männer. Für die Administration wären ihre Namen ein Geschenk – bislang wurde niemand bestraft und sie foltern nach wie vor weiter. Glauben Sie mir, ich weiß, dass niemand bereut hat und jedes Wort nur ein Witz für sie ist.

Aber es existiert eine Ausnahme. Das ist der Chef der *Isolation*, den alle hier Palytch nannten. An diesem Menschen kommt man nicht vorbei. In gewissem Sinne gäbe es die *Isolation* ohne ihn nicht, und als er verschwand, als er im Februar 2018 endlich selbst im Keller eingeschlossen wurde, atmeten wir alle erleichtert auf. Denn es endete das, wovon es schien, dass es hier nie enden würde.

Was kann man über einen solchen Menschen sagen? Als Erstes kommt mir nur Pathetisches in den Sinn: Verbrecher Nummer Eins, das absolute Böse. Aber das ist zu abstrakt für den, der das Leben von hunderten von Menschen in physische und psychische Asche verwandelt hat. Ein überzeugter Sadist, ein Gewalttäter, ein Henker und Alkoholiker mit klassischer Psychopathie. Dabei ein subtiler Psychologe und Manipulator mit einem guten Sinn für Humor. Genau er hatte das System in der *Isolation* so aufgebaut, dass die hier Gefangenen einander zu hassen begannen, wodurch sogar die kleinste Andeutung eines Aufstandes ausgeschlossen war. Genau er konnte einen Menschen halbtot schlagen und danach das gleiche mit denjenigen veranstalten, die ohne sein Einverständnis dem Opfer auch nur ein Haar krümmten. So erreichte er seine Ziele, so machte er sich die erbittertsten Feinde gewogen, zurrte sie mit der Peitsche fest, ohne ihnen das Zuckerbrot aus dem Mund genommen zu haben. Ein Mensch, der Nachts über unsere ganze Zelle hergefallen war, uns wie Kegel auf den Boden warf. Und am Morgen mit einem Sack abgelaufener Pralinen kam und sie an die gesamte *Isolation* verteilte, wobei er uns weiterhin unflätig beschimpfte, allein dafür, dass er "gezwungen" gewesen war, so zu handeln.

Ja, er hielt uns für schuldig, aber nicht wegen der uns vorgeworfenen Taten oder unserer Ansichten – Politik war ihm völlig egal. "Das Neutralitätchen muss gewahrt bleiben", so sagte er mir immer, sobald die Rede auf Derartiges kam. Nein, er hasste uns dafür, dass er selbst hier gefangen war. Versunken in unserem Blut konnte er sich nicht einmal erlauben, das Fabrikgelände zu verlassen – aus Angst vor der Rache derer, die er einst gefoltert hatte. So lebte er im ersten Stock, über uns, und wiederholte von Zeit zu Zeit: "Nicht ihr sitzt mit mir, ich bin es, der mit euch sitzt."

Das erste Mal hörte ich von Palytch im Keller der *Isolation*, in den sie mich schon am dritten Tag nach der Verlegung aus dem Keller des *Kontors* gesteckt hatten. Ich hatte nur zwei Tage oben verbracht, in einer recht hellen und warmen Zelle, wonach ich mich – noch mit neun weiteren Männern – erneut unten wiederfand. Ich hatte schon anderthalb Monate Kellerleben hinter mir, zudem unter wesentlich schlechteren Bedingungen, sodass mich der Keller an sich nicht störte. Zudem gab es hier einen Kübel – eine große Toilette – und einen ebenso großen Ventilator, der die Feuchtigkeit nach außen zog, sodass nur Wasser und die Menschen ein Problem waren. In anderthalb Monaten Einzelhaft war ich überhaupt niemanden mehr gewohnt, ganz zu schweigen von einer Konstellation mit "Aufständischen", die sie von Zeit zu Zeit zu uns in den Keller warfen.

Und einmal in der Nacht teilte einer der Zellengenossen mir fast wie ein Geheimnis mit: "Weißt du, wer an diesem Ort der Verantwortliche ist?", zischte er mir mit einer Art Grabesstimme ins Ohr.

In diesem Moment beunruhigte mich nur eines – der Ort an sich, sodass die Frage nach der Leitung mich am wenigsten beschäftigte. Ungefähr das sagte ich meinem Pritschennachbarn auch, worauf dieser auflachte und antwortete, dass das nur hieße, dass ich immer noch nicht verstanden hätte, wo ich gelandet sei.

"Dieser Ort und der Leiter sind fast dasselbe", fuhr er zischend fort, die Lippen mit den Händen bedeckt, damit unser Gespräch nicht über die Videokamera zu bemerken war. "Er heißt Palytch. Ihr werdet euch noch kennenlernen. Er macht sich mit jedem bekannt. Ist gut, lass uns ausruhen."

So kam es auch tatsächlich. Nach einigen Tagen meines Aufenthalts im Keller der *Isolation*, direkt vor dem Zapfenstreich, öffnete sich plötzlich die Tür und ich hörte mit Schrecken meinen Nachnamen. Warum mit Schrecken? Weil ein Aufruf mitten in der Nacht an diesen Orten nur eines bedeutete: Folter. Wenn Sie mit einer Plastiktüte über dem Kopf im Keller stehen und keine Ahnung haben, was hinter Ihrem Rücken vorgeht, ist es natürlich das Schlechteste was vor dem Schlafengehen geschehen kann, seinen Namen und den Satz "Zum Ausgang!" zu hören.

Ich bewegte mich langsam in Richtung Tür, wobei ich die Tüte so weit anzuheben versuchte, dass ich den Boden unter mir sehen konnte, bekam aber plötzlich den unerwarteten Zuruf: "Nimm schon diese Tüte ab!" Das war ein weiterer Trick, mit denen Palytch glänzend spielte. Die Tüte oder der Sack über dem Kopf der Gefangenen war nämlich ein integrales Attribut des Lebens für alle Neuankömmlinge. Alle, die frisch in die *Isolation* gekommen waren, liefen in Tüten umher. Einmal wurde einer von uns mitten am Tag für Arbeiten nach oben geholt. Wie sich herausstellte, sollte er anderen Gefangenen beim Transport von Ziegelsteinen auf einen Karren helfen. Er tat dies also in eben dieser Tüte, die abzunehmen ihm Palytch nicht einmal während des Tragens der Ziegelsteine erlaubte. Zum Teil wurde das zur Einschüchterung gemacht; zum Teil, damit man einen Gefangenen "besonders" begünstigen konnte, wenn man ihm erlaubte, ohne Tüte umherzugehen, wodurch man eine psychologische Nähe schaffte. Aber in meinem Fall war dies eine einmalige Aktion und meine Tüte würde ich erst nach acht Monaten abnehmen. Davor hatte ich so sogar die fünfzehn Meter von der Zelle bis zum Platz für den Hofgang getragen.

Ich muss sagen, dass die Angst unter der Tüte geringer war
als nach dem Abnehmen. Ich sah einen Zwei-Meter-Mann in Tarnkleidung mit einer AK-47, der mich mit einer Hand am Hals packte
und gegen die Wand drückte, während er mit der anderen die Kellerzelle verschloss. Dieser Mensch hatte solche Ausmaße, dass ich
unwillkürlich dachte: "Warum braucht er überhaupt ein Maschinengewehr?" Ich erfuhr, dass unsere Zelle hier nicht die einzige
war. Ich sah zwei weitere Türen, von denen eine, wie sich später
herausstellte, in den Stehkarzer führte, die andere in die Einzelzelle. Die Finger an meinem Hals griffen wieder fest zu und ich
wurde langsam nach oben geschleppt. In diesem Moment empfand
ich erneut die Vorzüge einer Fortbewegung unter einer Tüte. Denn
ich hatte nicht vermutet, wie düster hier alles aussieht: Eine gewaltige Eisentür mit einem Drehschloss wie auf einem U-Boot, dicke
Wände, Feuchtigkeit und Halbdunkel. Aber was ich buchstäblich
eine Minute später sehen sollte, nahm mir endgültig jede Hoffnung
auf einen Sinn.

Während mich also ein Mensch in Tarnkleidung und Armee-
stiefeln hinaufgeführt hatte, sah ich jetzt hier oben einen sich lässig
auf dem Sofa fläzenden Menschen in kurzen Hosen, T-Shirt und
Badelatschen, der ein Maschinengewehr in der Hand hielt und damit herumspielte. Mein Begleiter setzte sich neben ihn und verhielt
sich klar zurückhaltender, so wie in Gegenwart eines Vorgesetzten.
Ich setzte mich auf den zugewiesenen Stuhl und verstand nicht
wirklich, wer mein Gegenüber war und was jetzt geschehen würde.

"Stellen Sie sich vor: Nennen Sie Ihren Namen und Ihre Straftaten." Zwischen uns stand ein riesiger Monitor, der in ein Dutzend
Quadrate aufgeteilt war, in denen die Gefangenen in ihren Zellen
einschließlich unseres Kellers wie Ameisen wuselten. Genau hier,
im Monitorraum, entschieden sich die Schicksale der Menschen:
Wer heute unter die Pritsche geprügelt wurde und wessen Zelle
man in Ruhe ließ. Ich stellte mich wie befohlen vor und fragte, mit
wem ich spreche: "Sie sind, wenn ich richtig verstehe, der Schichtleiter?" Worauf der Mann im T-Shirt lachte und erwiderte: "Ich bin
hier überhaupt der Leiter, mir untersteht alles." Erst in diesem Moment verstand ich, mit wem ich spreche und dass der Mensch in

Schlappen, lustigem T-Shirt und mit Maschinengewehr der berühmte Sadist war, von dem mir hier schon erzählt worden war. Es ist erstaunlich, aber er siezte mich weiter, während er an dem Gewehr herumfummelte, als sei es ein Spielzeug. Während unseres gesamten kurzen ersten Treffens schrie mich Palytch nicht an und er beleidigte mich kein einziges Mal. Obwohl er Gefangene prinzipiell dadurch erniedrigte, wie er sie ansprach, wobei "Vieh" und "Päderast" am harmlosesten waren.

"Seien Sie offen: Gab es Selbstmordgedanken?" Meine Verwunderung, die ich über diese Frage empfand, war eindeutig Folge einer mangelnden Gefängniserfahrung, die vorrangig lehrt, dass alles Ohren hat, sogar die Wände. Palytch verfügte natürlich nicht nur über das durch das *Kontor* erstellte offizielle Profil über mich, sondern auch über die Denunziationen von Informanten, unter denen auch Leute waren, die zusammen mit mir aus dem Keller von dort hier angekommen waren. Ich verstand, dass Leugnen keinen Sinn machen würde, und sagte direkt: "Ja, die gab es." "Hier tut man so etwas nicht. Ich warne von vorneherein: Das macht es nur schlimmer. Ist das klar?" Ich nickte zur Antwort, obwohl ich in diesem Moment nicht verstand, was schlimmer als ein Suizid sein könnte und wie diese Aussage überhaupt auszulegen sei. Zwei Jahre später wird ein Mensch, der jetzt auf einem kleinen Quadrat des Monitors ruhig von Wand zu Wand lief, im Nachbarkarzer sein. Seine Psyche wird so zerrüttet sein, dass er beginnen wird, sein Gesicht mit einem stumpfen Metalllöffel zu schneiden und sich gegen die Gitter im Keller zu werfen. Und danach werden sie ihn in den Karzer werfen, wo er eine Fliese zerbrechen und sich mit ihr die Vene aufschneiden wird. Sie werden ihn sofort verbinden, zusammenschlagen und mit der gesunden Hand an die Karzertür fesseln, wo er eine weitere Woche in seinen eigenen Fäkalien verbringen wird, bevor sie ihn ins Untersuchungsgefängnis bringen werden. Das also bedeutete "das macht es nur schlimmer", aber zu diesem Zeitpunkt lag in diesen Worten noch nicht die Einsicht aus zwei Jahren.

Palytch erhielt, was er wollte: Mein erster Eindruck von ihm unterschied sich komplett von dem, was ich schon in ein paar Wochen zu sehen bekam. Außerdem streute er Gefangenen diesen Sand noch deshalb in die Augen, falls der Mensch Glück haben sollte und bald aus der *Isolation* ins Gefängnis oder in Freiheit kommen würde. Ein solcher Glückspilz schaffte es nicht zu "ernüchtern" und blieb bei seiner ersten, falschen Meinung über die Geschehnisse, die er mit anderen Leuten teilen konnte.

Aber schon einige Wochen später werde ich diesen Menschen aus einem ganz anderen Blickwinkel sehen – wenn er mitten in der Nacht zusammen mit ihm ergebenen Gefangenen in den Keller kommen und befehlen würde, einen von uns zur Folter nach oben zu schleppen. Diese Episode hatte ich in meinem Geist schon ein paar Tage nach dem Vorfall "aufgeschrieben", sie zu Papier zu bringen entschied ich mich erst, als Palytch selbst im Keller eingesperrt worden war. Später werden sie mir diese Skizze zusammen mit den anderen Manuskripten in der *Isolation* wegnehmen und ich werde den Text erst rekonstruieren können, nachdem ich ins Gefängnis gekommen bin. Ich will ihn hier so anführen, wie er als separater Entwurf noch im Keller in meinem Geist entstanden ist. Er ist recht kurz, präsentiert dem Leser aber umfassend, was in dieser Nacht passiert ist und was für ein Mensch Palytch war.

Kapitel 5: Zeit der Stille

Viereinhalb Jahre später habe ich nichts über diesen Krieg zu sagen. Die Rotoren des großen Ventilators, sein Lärm, das Flackern der Glühbirne in der dicken, vergitterten Deckenlampe – mal wird sie schwächer, verlöscht fast, mal beginnt sie so stark zu leuchten, dass es die Augen schmerzt ... All das, der Ventilator, die Lampe, der Lärm sind förmlich wie ein Wesen: Es beobachtet uns tagein, tagaus, eines der unzähligen Gesichter dieses Krieges.

Wir hatten uns schon unter dem feuchten Verputz der Decke hingelegt, als sich plötzlich die Tür öffnete und wir alle unverzüglich aufspringen mussten. Einen von uns begannen sie direkt hier, im Keller, zu schlagen und schleppten ihn unter ihren eigenen Schreien nach oben. Nach ein paar Minuten fing er so schrecklich zu brüllen an, dass ihn nicht einmal das Dröhnen des Ventilators übertönte.

"Journalist, nimm die Plastiktüte ab."

Ich zog die Tüte vom Kopf und sah vor mir einen stämmigen Mann in kurzen Hosen und T-Shirt, vollkommen betrunken und schwankend betrachtete er mich aufmerksam, während die anderen Gefangenen weiterhin unter ihren Tüten zur Wand gedreht an den Pritschen standen.

"Was brauchst du?"

"Nichts, Herr Leiter, keine Klagen, alles ist gut", presste ich mit Mühe hervor.

Eine Zeit lang betrachtete er mich noch mit zusammengekniffenen Augen, sagte kein Wort und schwankte weiter, bis er wiederholte:

"Was brauchst du?"

Ich spürte, dass das schon keine Frage mehr, sondern ein Befehl war, und sagte:

"Eine Dusche, Herr Leiter. Wir sind lange nicht zum Waschen geführt worden."

Wir hatten uns tatsächlich schon zwei Wochen nicht mehr gewaschen und von einer Dusche konnte man im Keller nur träumen.

"Es gibt eine Dusche. Morgen, eine heiße", antwortete er fast ohne nachzudenken.

"Rauchst du?"

"Nein."

"Prachtkerl. Lass uns reden gehen."

Wir gingen in die entfernte Ecke des Kellers, wo ein Metalltisch und Bänke standen, die mit Schrauben am Boden befestigt waren. Kaum hatten wir uns hingesetzt, als sich die Tür öffnete und der, der noch vor kurzem schrecklich geschrien hatte, in die Zelle gestoßen wurde. Die Hände mit Klebeband gefesselt fiel er auf den Boden, zitterte überall, wie eine Feder, der man eine Kopfnuss gegeben hatte.

"Bringt ihn her und macht ihm die Hände frei."

Der Mensch wurde neben mich gesetzt und jemand tropfte ihm ein Beruhigungsmittel ins Glas.

"Mir hat das kein Vergnügen bereitet. Es gibt keine Wahl, Journalist."

In diesem Moment beachtete ich diese Worte nicht, aber er wiederholte sie erneut:

"Es gibt keine Wahl. Ihr unterschreibt alles, was man von euch will, und geht in Ruhe zum Austausch."

Ich blickte zu dem, den ich gestern nur flüchtig kennengelernt hatte: Ein älterer Mann, wegen der Folter zitterten ihm die Hände, an denen vor ein paar Minuten noch Stromdrähte befestigt waren. Er konnte sein Glas kaum halten, während er versuchte, das Beruhigungsmittel nicht auf sich zu verschütten.

"Wenn ihr hierher geraten seid, gibt es keine Schranken mehr. Ihr werdet sowieso alles unterschreiben. Warum die eigene Gesundheit verlieren? Du erklärst ihm das, Journalist."

Er wandte sich an alle, sprach aber nur zu mir:

"Ich weiß, dass du schreiben wirst, dass ihr hier geschlagen wurdet, gefoltert, dass hier keine Menschen sind, sondern Tiere."

Ich hätte ihm gerne widersprochen, um ihn wenigstens etwas zu beruhigen, schaffte es aber nicht, ein einziges Wort einzuschieben.

"Aber merk dir" – er sprach immer schneller und deutlicher, trotz des Alkohols – *"dieser ganze Krieg stützt sich auf solche wie mich. Auf die, die sich über alles hinwegsetzen können. Schreie, Rotz, Gesetzchen ..."* Es schien, als verachtete er mit jedem Wort mehr diejenigen, die nicht zu Sadismus aus Überzeugung in der Lage sind. *"Ich bin hier zugleich Gott und Leiter und Richter. Ja, ich foltere, aber es gibt ein Ergebnis. Ich mache meine Sache leise und niemand ist darin besser als ich. So sind die Zeiten. Verstehst du, Journalist?"*

Sein Monolog brach unvermittelt ab, und nachdem er zum Abschied
noch ein "Habt Spaß" hingeworfen hatte, hing im Keller wieder das Dröh-
nen. Die Rotoren des Ventilators zogen die Feuchtigkeit nach draußen –
manchmal war durch sie der Geruch des Regens zu spüren. Am Morgen
wurden wir zum Waschen gebracht.

Die Masken waren also gefallen. Im Weiteren versuchte der Chef
der *Isolation* nicht mehr, den guten Mann zu spielen. Einige Monate
später stattete er auch unserer – der vierten – Zelle einen Besuch ab.
Wir waren zu viert. Nach dem Zapfenstreich hörten wir, wie das
Öffnen der anderen Zellentüren begann und von dort Stöhnen,
dumpfe Schläge und die Schreie "Auf den Boden, Vieh!" herüber
getragen wurden. Es wurde klar, dass Palytch sich erneut betrunken hatte und auf der Suche nach Kurzweil und Opfern durch die
Isolation zog.

Eines seiner "Talente" bestand darin, dass er das Türschloss
schlagartig öffnen konnte – so, dass die Gefangenen es oft nicht
schafften, von ihren Plätzen aufzuspringen und die Plastiktüten
überzuziehen. Über einen langen Zeitraum war das sein Lieblings-
spaß mit einem der Gefangenen, der seinen Platz auf einer oberen
Pritsche hatte. Laut Befehl von Palytch war er verpflichtet, mit der
Tüte über dem Kopf herunter zu springen, bevor sich die Tür öffnete. Und das, obwohl den übrigen Gefangenen auf den oberen
Pritschen erlaubt war, dort zu bleiben. Sie knieten sich einfach hin,
von der Tür weg- und dem Fenster zugewandt. Aber dieser
Mensch, der auch so schon in ständiger Anspannung lebte, saß
lange Zeit rund um die Uhr mit der Tüte oben, hörte auf jedes Geräusch jenseits der Tür, besonders in den Nächten. Meistens
schaffte er es nicht, den Befehl auszuführen, weswegen er ständig
Schläge erlitt.

So geschah es auch in dieser Nacht. Ich selbst hatte es schon
geschafft, mir alles Verfügbare überzuziehen, um für den Fall von
Schlägen diese wenigstens etwas durch Kleidung zu dämpfen. Die
Zelle öffnete sich plötzlich und in dieser Zeit hatte sogar ich auf einem unteren Schlafplatz es nur geschafft, mich auf die eigene Pritsche zu setzen – von meinem oberen Nachbarn, einem alten Mann,

gar nicht zu reden, der sofort einen Fausthieb auf den Kopf erhielt. Am Morgen stellte sich heraus, dass er nach den nächtlichen Schlägen einen Teil seines Gehörs verloren hatte. Aber einstweilen wurde uns allen befohlen, uns hinzuknien und die Hände hinter den Kopf zu legen, wonach mit Palytch verbandelte Gefangene in die Zelle stürmten und uns zusammentraten. Meinen Nachbarn zogen sie für neue Schläge in den Korridor. Uns geschah übrigens verhältnismäßig wenig. War doch in der Nachbarzelle ein Mensch nicht nur einfach verprügelt worden – sie jagten ihn unter die Pritsche und zwangen ihn dazu, wie ein Hund zu bellen. Zudem hatten auch die Frauen gelitten, was hier ebenfalls Standard war. So hörte ich etwa in einer dieser "betrunkenen Nächte", wie eine ältere Frau aus der neben uns liegenden dritten Zelle geführt wurde. Sie brachten sie in den Monitorraum, wo Palytch sie persönlich und lange verprügelte, während der Schichtleiter ihn mit Scherzen davon zu überzeugen versuchte, die "Alte" in Ruhe zu lassen. Schließlich brachte dieser Mensch sie in die Zelle zurück und hörte auf dem Weg ein betrunkenes "Lass dir nicht einfallen, sie zu stützen, soll sie selbst kriechen!".

Wenn man sich darum bemüht, den Gehalt der Geschehnisse außen vor zu lassen, dann kann man auch die Frage nach dem Verhältnis zwischen den Bewachern und ihrem Vorgesetzten stellen. Anders gesagt, ob alle hier unverhohlene Psychopathen und Sadisten waren, denen es Vergnügen bereitete, Menschen zu foltern und zu erniedrigen. Es ist offensichtlich, dass dem nicht so war. Wodurch die Schuld dieser Menschen in derartigen Nächten, in denen sie mit ihrem schweigenden Einverständnis an dem Geschehen beteiligt waren, nicht im mindesten geringer wird. Zudem folterten die meisten aus der Administration "nach Plan", also auf Befehl des Vorgesetzten, wenn sie einen Neuankömmling in der *Isolation* sofort in den Keller steckten, auf den Foltertisch. Aber an den "nächtlichen Besuchen" nahmen nicht alle teil. Im Bereich für den Hofgang gibt es sogar die Spuren von Kugeln in der Wand. In einer dieser Nächte hatten Palytchs eigene Leute an ihm vorbeigeschossen, um ihn wenigstens etwas auszunüchtern, damit er niemanden umbrachte. Formell werden es genau die Bewacher sein, die eine entscheidende Rolle dabei spielen werden, dass er von hier abgezogen werden wird. Denn genau sie werden an dem denkwürdigen Tag im Februar 2018 seine Vorgesetzten in die *Isolation* rufen.

Das war die letzte Nacht, in der endlich der Bogen riss, den der Chef der *Isolation* hier so lange überspannt hatte. Er riss um den Preis der Gesundheit vieler Gefangener, einer davon war im ersten Stock die halbe Nacht in einer Waschschüssel aus Metall umhergeschubst worden. Das war eine weitere nächtliche Belustigung: Ein Mensch wird in eine metallene Waschschüssel gesetzt und mit aller Kraft gegen die Wand gestoßen, zwischendurch setzt es Fußtritte. In seiner letzten freien Nacht in der *Isolation* hatte der Leiter endgültig jegliche Kontrolle verloren. Mitten in der Nacht hörten wir plötzlich laute, harte Musik und darauf gewaltige Schläge gegen die Türen aller Zellen, was den Beginn eines weiteren Albtraums bedeutete. Zu diesem Zeitpunkt saß ich in der fünften Zelle, gegenüber der siebten, der Frauenzelle, und meine Pritsche lag am nächsten an der Tür. Ich verstand, dass, wenn sich die Tür öffnete, genau ich als erster Schläge bekommen würde, weswegen ich in warmer Kleidung unter dem Bettlaken lag und mich aus Gewohnheit auf Prügel oder den Keller einstellte.

Die Frauen waren unter den ersten, die geschlagen wurden. In der "Siebener" waren zu diesem Zeitpunkt hauptsächlich junge Frauen bis dreißig Jahre. Trotz der Musik hörte ich deutlich ihr Stöhnen und die dumpfen Schläge hinter der Wand, während Palytch selbst sie mit "Schlampen" anbrüllte und eine von ihnen aufforderte, ihm einen zu blasen. So zog er die ganze Nacht von der Tür einer Zelle zur anderen und ließ aus irgendeinem Grund unsere "Fünfer" aus. Viele Zellengenossen sagten mir später, dass er wegen mir nicht zu uns gekommen sei: Damit ich das alles nicht mit eigenen Augen sehe. Ich bezweifle das stark. In jener Nacht hatte er endgültig den Verstand verloren, und er wird schwerlich in diesem Moment an mich gedacht haben können.

Am nächsten Morgen wurden alle, die nachts nicht kaputt geschlagen worden waren, zur Arbeit getrieben. Mich ließ man wie gewöhnlich in der Zelle und ich hörte zum letzten Mal diesen Menschen, der immer noch unter Alkoholeinfluss stand. Anscheinend

hatte der Leiter der Frühschicht wegen des gestrigen Blutbads ta-
delnd angemerkt, dass ein zusammengeschlagener Gefangener in
der "Achter" nicht einmal die Augen öffnen konnte. Kein Gesicht,
sondern ein einziges Hämatom. Und ich hörte das letzte betrun-
kene Gestammel von Palytch: "Das ist kein Problem, das ist kein
Problem!" Wie sich herausstellte, war es jedoch nur für mich damit
vorbei.

Derart von Alkohol benebelt, machte sich der Chef der *Isolation* zur Besichtigung seiner "Plantagen" auf. So nannten wir die
Teile der Fertigungszone auf dem Gelände, wohin die Gefangenen
zur Arbeit geführt wurden. Nach einer Weile hörte ich Schreie vor
den Fenstern und … eine Maschinengewehrsalve. Eine weitere Minute später rannten alle Gefangenen über den Flur und wurden eilig in die Zellen geführt. In unsere "Fünfer" kehrten einige Leute
zurück, einer davon hatte schon einen Bluterguss unter dem Auge
und einen ausgeschlagenen Zahn. Wie sich herausstellte, hatte Palytch die Prügel auf den Arbeitsstellen fortgesetzt, sodass die
diensthabende Schicht seine Vorgesetzten rufen musste, die dann
das Maschinengewehr zum Einsatz brachten.

Nun denn … Nach jenem Morgen habe ich diesen Menschen
weder gesehen noch gehört, den sie erst in unserem Keller hinter
Schloss und Riegel festhielten, bis er einen abgesonderten Contai-
ner auf dem Gelände seiner eigenen "Plantagen" bekam, wohin ihm
die noch gestern von ihm verprügelten Gefangenen Essen brachten.
Es ist erstaunlich, wie sich die Haltung der Administration ihm gegenüber veränderte. Einem Gefangenen, dem er sexuelle Gewalt
angetan hatte, boten sie an, es ihm mit dem Gleichen zu vergelten.
Jetzt war er selbst hilflos und sogar seine früheren Untergebenen
trieben ihn mit Schreien an, seinen eigenen Fäkalieneimer schnellstmöglich herauszutragen, wie mir diejenigen berichteten, die zur
Arbeit geführt wurden ...

Im Endergebnis verschwand dieser Mensch einfach, löste sich
auf, bis ihn im Sommer Gefangene wiedersahen, die von der Arbeit
zurückgebracht wurden. Palytch ging mit irgendwelchen Leuten in
den Keller hinunter. Er wird in der *Isolation* noch öfter in dieser selt-

samen Rolle bemerkt werden. Nein, solche Menschen gehen nirgendwohin weg – sie werden bis zu ihrem letzten Tag genutzt. Es
ist bequem, mit fremden Händen zu foltern, erst recht mit den Händen von jemandem, der "in der Lage ist, sich über alles hinwegzu-
setzen".

Wenn Sie eine zu enge Mütze auf den Kopf setzen, die stark
drückt, und wenn Sie diese dann plötzlich abnehmen, dann werden
Sie noch lange ein unangenehmes Druckgefühl empfinden, obwohl
die Ursache verschwunden ist. Ich weiß nicht, was die anderen Gefangenen fühlten, als sie erkannten, dass man jetzt nachts einfach
einschlafen konnte – aber ich selbst spürte etwas Derartiges. Mir
kam es die ganze Zeit vor, als nähme jeden Moment jemand seinen
Platz ein oder er selbst würde wieder eingesetzt werden. Es schien,
als würden das Stöhnen der Frauen oder Folter unter Liedbeglei-
tung jeden Moment zurückkehren. Aber es verging ein Monat, ein
zweiter, und alles blieb ruhig. Ja, in der *Isolation* wurde wie früher
gefoltert. Ja, in unsere Zelle wurden Menschen mit Brandwunden
von den Stromdrähten gebracht. Ja, hier "hielt" man auch weiter in
den Nächten die bloße Wand, bis das Blut in die Beine geflossen
war und der Mensch zu Boden fiel.

Und bei all dem schien es, dass Stille herrschte.

Kapitel 6: Wahnsinn oder Norm?

Die Besonderheiten der psychologischen Existenz der Gefangenen in der *Isolation* wurden in vielerlei Hinsicht dadurch bestimmt, wie sehr die Administration und andere Gefangene auf sie einwirkten, sowie durch ihren Platz in der Hierarchie. Wenn man die beobachtete, denen in der *Isolation* die härtesten Formen physischer und psychologischer Gewalt angetan wurden, dann bemerkte man, wie sich ihre Persönlichkeit vor aller Augen veränderte und gänzlich die Gestalt annahm, die die Umstände ihr abverlangten.

So gehörte ein Gefangener zur Kaste der sogenannten *Erniedrigten* – Menschen, die man nicht einmal mit der Hand schlagen durfte (eine Regel, die hier oft gebrochen wurde). Prügel wurden mit Beinen, Stühlen (einer zerbrach einmal unter den Schlägen), allen greifbaren Gegenständen verabreicht. Dieser Mensch durfte nicht an den Tisch herantreten, nicht das gemeinsame Geschirr nutzen, nichts an andere Gefangene weitergeben. Dabei verursachten genau die psychologischen Schläge, die er jeden Tag erlitt, die größte Veränderung seiner Persönlichkeit.

An seiner Pritsche hingen, von ihm aus Papier gebastelt, Gewehr und Barett, die er jedes Mal aufsetzte, wenn er Lieder für die Administration und andere Gefangene vortrug. Zudem stand auf dem Gewehr eine Art "Seriennummer" aus mehr als zwanzig Symbolen und Schimpfwörtern, die er fehlerfrei auswendig wissen und zu jeder beliebigen Tageszeit wiederholen musste, sobald es ihm befohlen wurde. Für einen Fehler auch nur bei einem Symbol wurde er sofort zusammengetreten. Es konnte auch geschehen, dass sie ihn zur Strafe unter die Pritsche jagten und dazu zwangen, wie ein Hund zu bellen oder alle Quadrate auf dem Bodenbelag unter der Pritsche zu zählen. Dieser Gefangene bezeichnete sich mit voller Überzeugung als Schauspieler und verschmolz gänzlich mit der Rolle eines "singenden Nachtwächters", womit er den ganzen Schrecken des Geschehens in eine Art Theaterspiel verwandelte, was wahrscheinlich sein "Ich" vor dem Zerfall rettete.

Es ist erstaunlich, aber als ich mich mit ihm im Keller der *Iso-lation* unterhielt, in den seltenen Stunden, in denen er nicht die Rolle eines Hanswursts spielen musste, bemerkte ich, dass er genau in den Minuten am niedergeschlagensten war, in denen sich sein "Ich" im Einklang mit den realen Umständen befand. Man musste das Gespräch aber nur auf seine Lage hier und die ihm angetanen Schläge und Erniedrigungen bringen und sogleich wurde sein Blick gläsern und er erklärte die Geschehnisse mal mit dem Willen Gottes, mal mit der ihm vorgeworfenen Straftat, wobei er prinzipiell ungern über diese Themen sprach und wiederholte: "Mir ist schon alles egal."

Rationalisierung als Schutzmechanismus wandten auch die Gefangenen aktiv an, die zu lebenslanger Haft oder Todesstrafe verurteilt worden waren. Auf zwei meiner Mitgefangenen traf dies zu, und beide hofften abwechselnd auf eine aktive Phase der Kämpfe oder auf eine Befreiung durch die Ukraine, obwohl sie selbst zum sogenannten "Aufstand" gehörten. Sie hatten eindeutig Verbrechen begangen, fanden es aber nicht gerecht, hier einge-sperrt zu sein, obwohl keiner seine Tat an sich bestritt. Zusätzlich wiederholte einer von ihnen ständig, dass er nie im Leben daran glaube, dass wir "Ukropy"[13] freigelassen und für einen Austausch übergeben werden würden, während er, der für diese "Republik" gekämpft hätte, weiter einsitzen müsste. Der Gedanke an unsere Freiheit schenkte ihm echte Hoffnung auf seine eigene Freiheit, ob-wohl es nicht den mindesten Zusammenhang zwischen beiden gab.

Interessant ist, dass die psychische Stabilität dieser Menschen von allen Nachrichten gestützt wurde, die in unsere Zelle durch-drangen und die sie zu ihren Gunsten im Sinne eines "alles wird bald ein Ende haben" auslegten (bis hin zu Nachrichten über ein Treffen von japanischen und russländischen Diplomaten). So er-klärt sich die Tatsache, dass ihre seelische Verfassung oft wesent-lich besser war als die derer, die sich ernsthaft auf den nächsten

---

[13]   Ukrop (wörtl. "Dill"): hier als abwertende russische Bezeichnung für Ukrainer. (A.d.Ü.)

Austausch einstellten, der eine hohe Wahrscheinlichkeit hatte. Andererseits erlebten die Menschen, die durch Folter, Einzelhaft, Erniedrigungen gingen und eine lebenslange Strafe vor sich hatten,
das Syndrom der "weißen Seiten" – sie konnten sich also nichts Ge-
lesenes merken und waren nicht einmal in der Lage, den Gedanken
des vorherigen Satzes zu wiederholen, weil sie gänzlich von äußer-
lichen Problemen vereinnahmt sind. Der geschlossene Raum der
Zelle brachte einen von ihnen buchstäblich um den Verstand.
Kaum öffnete dieser Mensch ein beliebiges Buch, reichte seine Aufmerksamkeit für zwanzig, dreißig Sekunden, wonach er es flu-
chend zuschlug und wütend auf sich war, dass er nicht einmal ein
paar Seiten lesen konnte; alle seine Gedanken wurden vollkommen
von der Situation beansprucht. So ging es, bis ein neuer Schnipsel
an Nachrichten uns erreichte und die Realität durch Hoffnung er-
setzte.

Eine weitere Form der Psychohygiene in der *Isolation* war die
absolute Gleichgültigkeit gegenüber dem Leiden der anderen Gefangenen, die auch mich selbst zwischendurch erfasste. Einmal, als
mein Zellengenosse und ich zum Mittagessen Haferflockenbrei zu-
bereiteten, der von daheim übergeben worden war, begannen sie
in der Nachbarzelle, jemanden zu foltern. Und während die Folterungen zuvor im Keller stattfanden und dabei das Bild der Videokamera auf den ganzen Bildschirm vergrößert und der Ton bis zum
Anschlag aufgedreht wurde, damit wir das Geschehen hören konnten, so war man im Herbst 2017 in der *Isolation* von dieser Praxis
abgekommen und folterte direkt hier, auf einem Stockwerk mit
uns. Es wurden elektrische Stromstöße eingesetzt, was am charak-
teristischen Stampfen der Beine zu erkennen war. Hier nannte man
diese Technik "rennender Mensch": An die großen Zehen wurden
Drähte angeschlossen und elektrischer Strom durchgeleitet, weswegen der Gefolterte laut zu schreien und mit den Füßen auf den
Boden zu schlagen begann. Und obwohl mein Zellengenosse bleich
wurde und keinen einzigen Löffel essen konnte, wartete ich selbst
lediglich zwanzig Minuten, bis ich mit dem Mittagessen begann
und dies damit rechtfertigte, dass die Folter sowieso nicht aufhören

würde, der Brei aber abkühlen und zu einem einzigen kalten Klumpen werden würde.

Ein anderes Mal wurde einer von uns nicht zum Zapfenstreich zurückgebracht, was ein eindeutiges Anzeichen für Folter war, die zu der Zeit schon überwiegend nachts stattfand. Ich erinnere mich, dass sich mein Pritschennachbar, der erst etwa einen Monat saß, große Sorgen machte und die ganze Zeit wiederholte: "Wie ergeht es Sergej dort?" Jeder von uns wusste, dass Sergej jetzt mit Paketklebeband an dem Tisch im Keller festgebunden war und an seinen Genitalien wahrscheinlich Drähte befestigt waren (was sich im Nachhinein als zutreffend herausstellte). Zu diesem Zeitpunkt befand ich mich schon anderthalb Jahre in der *Isolation* und der unendliche Strom solcher "Sergejs" hatte mir nicht nur das letzte Körnchen Mitgefühl ausgeschwemmt – er begann mich zu nerven.

Es verging kein Tag, an dem nicht jemand hinter diesen Wänden gefoltert und nachts als halbtoter Körper zurückgebracht wurde, mit tiefen Brandwunden an Händen und Füßen. Als ich also wieder einen Monolog über Sergej anhören musste, antwortete ich schroff, dass ich mich, selbst wenn jetzt die *Futterluke* aufginge und sie seinen Kopf unter den Tisch würfen, auf die Seite drehen würde, Richtung Wand. Natürlich ließ mich diese Antwort in den Augen des Neuankömmlings, der immer noch darüber nachdachte, wie Menschen andere überhaupt foltern können, wie ein moralisches Scheusal erscheinen. Ich selbst fühlte aber keine Schuld mehr, weder ihm noch höheren Mächten gegenüber. Wie ich ebenfalls keine Verbindung mehr mit jener Fiktion empfand, als die diese sechs Buchstaben "Mensch" erschienen.

In dieser Nacht wandte ich mich nicht nur von dem Zellengenossen ab, den sie bald halbtot in unsere Zelle zurückbringen würden. Und ich war nicht nur auf meinen Nachbarn wütend, der noch in der Lage war, deswegen etwas zu empfinden. Ich wandte mich auch vom Gedanken an meine Mutter ab, die jetzt schon ein Jahr jede Nacht um ihren Sohn weinte, sich um zwei Alte kümmerte und das letzte Geld für Lebensmittel ausgab, die nicht bei mir ankamen. Und von dem geliebten Menschen, den zu sehen ich vor der Gefangennahme nicht mehr geschafft hatte und der seine besten Jahre darauf verwendete, auf mich zu warten, ohne mich auch nur zu sehen. Und von der Ehefrau dieses armen Kerls, den sie im Auto totgeprügelt und ihr erzählt hatten, er sei nach Russland gefahren und dort wahrscheinlich verschwunden. Und von der von Palytch vergewaltigten jungen Frau, auf deren Rückkehr ihr Mann wartete, mit einem Kleinkind auf dem Arm. Und ich war wütend auf mich. Ich hasste mich für all das, dafür, dass es an mir war, von all dem zu wissen. Wem und wie sollte ich davon erzählen? Man muss es sich nur vorstellen, nur ernsthaft darüber nachdenken – und es zerreißt einen in Stücke, mit diesen Gedanken überlebt man keinen Tag. Zusammengekrümmt unter der Decke auf der Pritsche versteckte ich mich vor der ganzen Welt, die Gefangene am häufigsten nachts heimsucht.

Ein solcher "psychologischer Separatismus", wie ich selbst eine derartige Distanzierung nannte, zeigte sich bei anderen Bewohnern der *Isolation* auch in hysterischem Lachen, sobald das Gespräch auf einen von Drähten zerrissenen Hodensack oder sexuelle Gewalt kam. Wo eine gewöhnliche Reaktion auf derartige Erzählungen Hass, Ekel oder Furcht gewesen wären, konnte man bei den Gefangenen der *Isolation* Lachtränen oder Scherze beobachten. Das Normverständnis war direkt proportional zu den Geschehnissen, da es unmöglich war, die tägliche Folter und Erniedrigung ohne Folgen für die Psyche ernst zu nehmen. Die Unfähigkeit der Psyche, mit der Situation zurechtzukommen, zwingt sie dazu, sie mittels einer Rationalisierung anzunehmen: Es ist so schrecklich, dass man anerkennen muss, dass es normal ist, um selbst nicht verrückt zu werden. So wird der Schrecken zur Norm. Daher rühren auch Gleichgültigkeit und sogar Ironie gegenüber fremden Leiden.

Die Kehrseite einer derartigen Distanzierung war Mitgefühl gegenüber denen in der Administration, die uns nicht schlugen und folterten, sondern "nur ihre Arbeit machten", wie einige von uns es ausdrückten. Ich denke, die Kette der psychologischen Zusammenhänge war hier folgende: Ein menschliches Verhältnis vonseiten des Feindes wurde mit Dankbarkeit aufgenommen, die ein Gefühl der Verpflichtung und der Schuld für diese unbeglichene

Leistung nach sich zog. Viele dachten so: Wenn man aus der *Isolation* kommt, muss man von allem erzählen, was hier geschehen ist. Aber diese "Erzählung" trifft auch den Bewacher, der uns einen guten Morgen gewünscht hatte – statt der üblichen Prügel und Flüche. Die Unterscheidung in gute und schlechte Feinde rief bei einigen Gefangenen Mitgefühl mit ersteren und noch größeren Hass gegenüber den letzteren hervor. Das Stockholm-Syndrom wurde desto stärker, je weiter das Syndrom der "Eisentür" zurücktrat – als jedes Klopfen an die Metalltür faktisch neue Schläge bedeutete, wodurch sich die Muskeln in den Körpern der Gefangenen unwillkürlich zusammenzogen, sobald die frühere Administration nur den Türriegel bewegte.

Die Emotionen der Gefangenen waren übrigens nicht immer durch die Grenzerfahrung verzerrt – manchmal entsprachen sie ihr, was sich in aufrichtigem Weinen ausdrückte. Tränen – genauer ein Heulen – habe ich unter Männern in der *Isolation* nur zwei Mal gesehen. Hier gab es ständig Stöhnen und Schreien, oft wegen nicht heilender Brandwunden oder gebrochener Rippen, aber den buchstäblich Heulkrampf eines Mannes zu erleben, der noch vor einer Minute mit Emotionen geizte, ist umso schwerer zu ertragen.

Der erste solche Fall ereignete sich noch im Sommer 2017. Ich befand mich damals mit einem Muslim im Keller, dem zum ersten Mal Lebensmittel von seiner Familie übergeben worden waren. Der Großteil war, wie immer, gestohlen worden und die Reste des Päckchens legte der Mann schweigend und ohne jegliche Emotionen auf den Metalltisch – als er plötzlich zwischen den Alltagsgegenständen eine Nachricht bemerkte, die den Bewachern nicht aufgefallen war, und er für eine Minute zur Seite trat – wonach wir ein jämmerliches Weinen hörten. Sein Heulen erfüllte buchstäblich den ganzen Keller und in der Stille und durch das Echo hörte sich dieses Schluchzen besonders langanhaltend und schmerzvoll an. Es stellte sich heraus, dass in der Notiz nichts Schreckliches stand – sein Kind hatte etwas geschrieben. Aber allein eine Kinderhandschrift ließ einen Menschen in Schluchzen ausbrechen, einen Menschen, der ruhig und schweigend mit einer Plastiktüte über dem Kopf da stand.

Der zweite Fall ereignete sich schon in der vierten Zelle – mit jemandem, von dem man eine derartige Reaktion am wenigsten erwartet hätte. Es war ein sogenannter *Geschlossener* – ein Mensch, der insgesamt einundzwanzigeinhalb Jahre unter härtesten Haftbedingungen abgesessen hatte. Ein Wiederholungstäter aus Überzeugung, dessen Körper von Kopf bis Fuß mit tätowierten Kirchenkuppeln und Madonnen verziert war. Ein Mensch, der sein ganzes Leben andere Leute mit dem Messer angegangen war, jedes System – egal ob das des Staates oder das des Gefängnisses – verachtete, verkroch sich buchstäblich in Tränen aufgelöst in einer Zellenecke, als er eine im Speck versteckte Nachricht seiner Mutter las. Noch eine Stunde zuvor war er recht imposant und mit einem den erfahrenen Gefangenen eigenen vorgetäuschten Heldentum durch die Zelle geschritten, als er sich plötzlich von einem fünfzigjährigen Mann in einen kleinen Jungen verwandelte, der in der Hand die Nachricht umklammerte und ein durch die Tränen kaum zu verstehendes "Mütterchen, wieder musst du auf mich warten!" stammelte.

Derartige aufrichtige Reaktionen zeugten davon, dass Menschen selbst unter dem Deckmantel einer emotionalen Apathie oder der sozialen Rolle, die ein Gefangener in der *Isolation* spielen musste, echte Gefühle und sinnstiftende Bezugspunkte in Gestalt ihrer Angehörigen bewahrten. Nahe und geliebte Menschen waren immer und für alle hier ein Leitstern, der, sei es auch unter Tränen und innerem Schmerz, dennoch einen Anlass gab, die eigene Existenz fortzusetzen.

Das Hauptprinzip der psychologischen Unterdrückung der Persönlichkeit gründete in der *Isolation* auf der Mechanik konditionierter Reflexe. Auch wenn sich die Administration kaum mit derartigen Feinheiten beschäftigt haben dürfte, zeugte die Methode ihrer Arbeit mit den Gefangenen genau davon. Wahrscheinlich ohne einen Unterschied zwischen uns und Hunden oder anderen Tieren zu machen, erdachte der Leiter dieses Ortes hin und wieder neue "Vergnügungen", die ein Gefühl von Furcht einimpfen sollten – als Reaktion auf eine konkrete Handlung. So gab es eine recht lange Zeit meines Aufenthalts in der *Isolation* keinen speziellen Ton, der den Gefangenen das Signal für Zapfenstreich und Aufstehen gegeben hätte. Das würde später eingeführt werden, aber unterdessen diente dieser Umstand der Administration zur weiteren Belustigung.

In den meisten Zellen gab es im Herbst 2017 weder Radio noch Uhr und unsere "Vierer" war keine Ausnahme. Die Zeit ließ sich nur über die Fabriksirene des Donezker Metallurgischen Werkes erfahren, das in unserer Nähe lag und mehrfach am Tag zu denselben Zeiten ein Signal gab. Darunter um zehn Uhr abends und um sechs Uhr morgens, wenn die Zeit zum Schlafen beziehungsweise Aufstehen begann. Problematisch war, dass diese Fabriksirene häufig schwach und fast nicht zu hören war, während der Chef der *Isolation* es genoss, über den Monitor zu beobachten, ob jemand diesen Zeitpunkt auch nur um zwanzig Sekunden verpasste, worauf unweigerlich Karzer oder Prügel folgten (oft sowohl das eine als auch das andere). Die Abendsirene rief bei den Gefangenen ebenfalls ein Gefühl der Unruhe und Furcht hervor, denn oft geschah es, dass die Menschen noch nicht mit Ausziehen fertig waren, als schon mit dem Gewehrkolben gegen die Tür geschlagen wurde und der Schrei "Aufstehen!" erklang, was den Beginn neuer nächtlicher "Prozeduren" bedeutete. Die neben uns liegende fünfte Zelle hat so einmal fast bis zum Morgen stehen müssen – ohne das Recht, die Toilette nutzen zu dürfen, ein Teil von ihnen mit Plastiktüten über den Köpfen.

So oder so war aber meine nervliche Anspannung im September 2017 derartig groß, dass ich einige Male im Monat mitten in der Nacht aufsprang und die Zellengenossen aufschreckte, da ich überzeugt war, ich hätte gerade die Fabriksirene gehört. So ging es auch den Übrigen und aus der Ferne betrachtet sahen wir wahrscheinlich wie vier Verrückte aus, die von Zeit zu Zeit nachts von ihren Pritschen aufsprangen, sich eilig anzogen, lauschten – und sich eine Minute später wieder hinlegten.

Nach diesem Prinzip wurde auch das kollektive Singen zu einer neuen Tradition in der *Isolation*. Eines Tages öffnete sich die *Futterluke* und Palytch schob ein Papier hindurch: "Auswendig lernen. In einer Stunde werdet ihr singen. Wer auch nur ein Wort vergisst, kommt im Keller in den Karzer." Die *Futterluke* schloss sich. Das *Zellenoberhaupt* hielt den Text eines sowjetischen Liedes aus Zeiten des Zweiten Weltkrieges in Händen – "Heiliger Krieg". Eine Stunde später wurde tatsächlich die ganze *Isolation* einschließlich des Kellers nach draußen geführt, einige neue Menschen standen mit Plastiktüten über den Köpfen da. Palytch saß auf den Treppenstufen am Eingang und achtete beim Singen aufmerksam darauf, wer wie sorgfältig den Text gelernt hatte.

Ab diesem Tag wurden sowjetische Lieder unterschiedlichster Art nicht nur in vielen Zellen praktiziert, sie wurden auch zu einem zwingenden Attribut der Folter für Neuankömmlinge. Kaum war ein neuer Gefangener aus dem *Kontor* gebracht worden und die Folter hatte begonnen, als die Insassen der ersten Zellen neben dem Monitorraum aufspringen und mit dem Singen eines sowjetischen Liedes beginnen mussten, was für die übrigen Zellen als Signal diente, dass wieder jemandem Stromdrähte angelegt worden waren. Psychologisch war es in diesen Minuten leichter zu singen als einfach nur zuzuhören: Ersteres lenkte ab, letzteres brachte Angst mit sich, was die Administration auch erreichen wollte.

Es ist schwer zu sagen, wer in diesem Moment mehr Entsetzen und Erniedrigung erlebte. Wir, die wir zu den Schreien von jemandem sangen "den Peinigern der Menschen werden wir die Stirn bieten", oder der Mensch mit Drähten an den Fingern, der ohnehin das Geschehen nicht verstand, dazu aber noch Gesang hörte, kaum dass die Folter begonnen hatte.

Schließlich war eine der auf den ersten Blick am wenigsten bemerkbaren Maßnahmen, die Einfluss auf die Persönlichkeit hatte, dass die Administration Gefangene ständig mit herabwürdigenden Worten ansprach, was der Chef der *Isolation* häufiger als andere praktizierte. Diese Methode wurde auch während der Folter angewandt, während der die Summe aus elektrischem Strom, Flüchen und Geschrei über "den Verrat an der Heimat" oder "an dem Volk des Donbass" ein Gefühl der Angst und der Schuld erzeugen sollten. Folter ist jedoch eine zu kurzzeitige Einwirkung auf die Persönlichkeit verglichen mit Monaten und manchmal auch Jahren

fortwährender Erniedrigungen. Es konnte sein, dass sie darauf ver-
zichteten, einen Gefangenen zu schlagen, ihn aber jeden Tag ausschließlich mit den Worten "Vieh" oder "Päderast" anredeten, auf
die er reagieren musste. Eine ausbleibende Reaktion wurde sofort
mit Stockschlägen oder Keller und Karzer angeregt, sodass sich ein
Gefangener der *Isolation* mit der Zeit auf dieses "Spiel" einließ, wobei er letztlich ganz offensichtlich verlor. Indem der Gefangene die
Reaktion auf eine solche Ansprache als ein Spiel auffasste, bei dem
er die Verliererrolle erfüllen musste, kam ihm nach einiger Zeit die
Willenskraft abhanden, er fügte sich in die Rolle des "Viehs" oder
anderer Epitheta und bemerkte nicht einmal, dass sich sein Verhalten änderte.

Die Wissenschaft kennt Fälle, in denen die Überzeugung eines
Menschen, dass ein kalter Gegenstand glühe, eine echte Brand-
wunde hervorruft. Das betrifft auch Krankheitssymptome, die ein
gesunder Mensch plötzlich bei sich entdeckt – vor dem Hintergrund einer tatsächlichen Erkrankung bei anderen in seiner Umgebung. Ungefähr dieser Mechanismus griff auch hier. Wenn einem
Menschen täglich eingeredet wurde, er sei aller menschlichen Qua-
litäten beraubt, dann nahm ihm das mit der Zeit tatsächlich die Willenskraft und das Gefühl der eigenen Würde und das an ihn gerichtete Wort "Päderast" rief nur noch ein leeres Lächeln hervor.

Kapitel 7: Zeit in Gefangenschaft

So seltsam es ist, aber man muss "einsitzen" können. Das betrifft nicht so sehr die allgemeinen Verhaltensregeln in einem Lager, eher die Fähigkeit, die Zeit, die hier der Hauptfeind ist, generell ertragen zu können. Weder die Administration noch andere Gefangene stellen eine so große Gefahr dar wie der Überfluss an freier Zeit, der sogar die pragmatischsten und geerdetesten Menschen dazu bringt, über ihre Lage nachzudenken. Das mag als eine Übertreibung erscheinen, aber während die Gefahr für das Leben, die von der Administration ausgeht, den ganzen Organismus zur Mobilisierung anregt, führt hingegen freie Zeit oft zu Depressionen und Gedanken an Suizid.

Dieser Umstand lässt sich gut anhand der Situation erkennen, in der wir im Keller noch vor der *Isolation* waren. Erst als ich in einer recht warmen Zelle mit normalen Pritschen und einer Decke zum ersten Mal krank wurde, fiel mir plötzlich auf, dass mich in anderthalb Monaten im Keller des *Kontors* nicht einmal eine Erkältung erwischt hatte, obwohl dort im Sommer der Atem kondensierte und die Wände mit Schimmelpilzmustern bedeckt waren. Aber in diesem Zeitraum befand sich der Körper in einem Schockzustand, als ich nach der Folter, ständig hungrig und frierend, gezwungen war, fünf, sechs Stunden einfach diese unseligen fünf Meter zwischen Gitter und Pritsche abzulaufen, um mich wenigstens ein bisschen aufzuwärmen. Eine Extremsituation aktiviert die Reserven, von denen der Organismus vielleicht selbst nichts ahnt.

Ebenso trifft das auf die Psyche zu. Wenn Sie in der Nacht einige Stunden kerzengerade stehen und beten, die Tür möge sich nicht öffnen und Sie nicht erneut geschlagen werden, dann gibt es in diesem Moment keine Zeit zur Reflexion. Alle mentalen Prozesse – Emotion, Kognition, Willen – sind auf jedes Rascheln außerhalb der Zelle konzentriert. Wie übrigens auch der Körper, der sich in einen einzigen angespannten Muskel verwandelt, der sich auf den nächsten Schlag von der Seite vorbereitet. Das Überleben ist das einzige Ziel, das in diesem Moment für den Gefangenen zählt.

Freie Zeit in einem Raum mit Gittern und Vorhängeschlössern unterwandert dieses Ziel jedoch. Die Zeit ist eine Art Röntgenbild, auf dem der Mensch selbst erscheint: Seine Sinngebungen, Ziele, Hoffnungen – oft mit dem Stempel "vergangen" versehen. Hier muss man sich diesem Bild stellen.

Die Sirene erklingt um sechs Uhr morgens, gemeinsam mit dem Kommando "Aufstehen!". Sie stehen von der Pritsche auf, reihen sich in die Schlange für Waschbecken oder Toilette ein, wonach man Ihnen eine Stunde später durch die *Futterluke* einen Teller reicht, auf den etwas Essen gekippt wurde. Den fünfminütigen Hofgang berücksichtigen wir nicht. Im Prinzip ist das alles, was Sie im Verlauf eines Tages erleben. Ein Raum von fünf mal sieben Metern, zwölf Menschen, dieselben Gesichter, Gitter, eine funzelige Glühbirne. Monate oder Jahre. Wenn Sie gerade erst in dieses System geraten sind, tritt der Schock bereits in den ersten paar Stunden ein. Alle schweigen. Der eine liest, der andere sitzt auf der eigenen Pritsche, das Gesicht in den Händen vergraben. Einige flüstern kaum hörbar ein Gebet. Alle Gespräche sind schon geführt, Sie kennen das Schicksal jedes Zellengenossen bis ins kleinste Detail. Die Tür wird sich nicht öffnen, heute wird auch nichts geschehen. Selbst wenn Sie einfach "sitzen" ohne die "Vergnügungsattraktionen", die sie in der *Isolation* veranstalteten, müssen Sie noch … sich selbst ertragen. Die Blicke der Menschen aushalten, in denen Sie wie in einem Spiegel reflektiert werden, wenn an einem solchen Blick klar wird, dass der Mensch mit dem Gedanken an den Sohn eingeschlafen ist, den er schon über ein Jahr nicht gesehen hat – und mit eben diesen Gedanken aufwacht, in derselben Zelle, mit denen, die man nicht einmal mehr ansehen will. Wie sehr Sie es auch versuchen, gleich welchen Sport Sie betreiben, so sehr Sie um positive Gedanken bemüht sind – das System an sich frisst Sie von innen Stunde um Stunde auf. Sie verlieren Gewicht, das Gesicht wird grau und eingefallen, Sie essen und reden immer weniger – das nackte Existieren, nur Sie und es.

Viele Gefangene messen ihr Leben ausschließlich an der Vergangenheit, als gäbe es ihre Existenz in der Gegenwart nicht, und es besteht kein Anlass, über die Zukunft zu sprechen. Interessant ist, dass sich dieses Detail auch in der Sprache bemerkbar macht und besonders deutlich im Kontrast zwischen denen, die schon ein Jahr "saßen", und denen, die ein, zwei Wochen in der *Isolation* waren, hervortrat. Die sprachlichen Konstruktionen der Ersteren waren von der Vergangenheit angefüllt. So ein Mensch "wusste", "liebte", "konnte", selbst wenn die Rede von noch nicht abgeschlossenen Prozessen war, zum Beispiel den kulinarischen Vorlieben und Lieblingsessen. Er lebte noch, aber jetzt "liebte er Krabbensalat" und liebt ihn nicht etwa immer noch. Durch die Sprechweise dieser Menschen schimmerte buchstäblich die Vergangenheit, als wären sie in der Gegenwart nur zu Erinnerungen in der Lage – während ein neuer Bewohner der *Isolation* immer noch Pläne schmiedete und sich über Schulden bei den Nebenkostenabgaben sorgen konnte.

Die Zeit verhärtet Menschen. Und an einem solchen Ort wie der *Isolation* verhärtet sie doppelt. Irgendwann begann ich, alle Neuankömmlinge durch einen Filter aus Zynismus und Apathie zu sehen. Das betraf besonders Menschen, die besonders weit von der kriminellen Welt oder diesem Krieg entfernt waren und sogar ein Gespräch mit "Sie" zu beginnen versuchten (was an solchen Orten nicht üblich ist). Ich betrachtete ihre saubere Kleidung, den frischen Haarschnitt, die fehlende Angst in den Augen – und dachte, dass in ein paar Tagen davon keine Spur mehr übrig bleiben würde. In ein paar Tagen würden sie mit Dingen konfrontiert werden, von denen sie nicht einmal vermuten konnten, dass sie im Zentrum von Donezk möglich sind. Sie werden sie in ein Stück lebloses Fleisch verwandeln, nur einen Organismus, dessen Rückgrat durch die Einwirkung des Stroms nach außen tritt. Einen Organismus, dem nur übrig bleibt zu flehen, dass seine Ehefrau oder Tochter nicht "reihum herangenommen" werden – in der letzten Zeit versprachen sie das jedem, der den Donezker Keller durchlebte. Und von ihnen bleibt nichts übrig. Sie schauen Stunden und Tage auf den Boden und schweigen. Mit der Zeit, nach dem Unterzeichnen des nötigen Textes, erhält das, was von ihnen übrig geblieben ist, Nudeln und ein Paar Socken – in Form eines Pakets von den Angehörigen, das hier ausgeplündert worden ist, zwingend begleitet von der Bemerkung der *Ermittler*: "Siehst du: Du benimmst dich uns gegenüber menschlich – wir behandeln dich auch so." Monat für Monat, jahre-lang. Wenn man darin stecken bleibt, verliert man den Verstand. Genau deswegen ist die Umwandlung der Zeit so wichtig – in Schritte von Pritsche zu Pritsche, das Lesen von Büchern oder Sport. Natürlich mit Abstrichen angesichts der Umstände, aber selbst in der Einzelhaft des Kellers lief ich jeden Tag zwanzig Mi-nuten – an einem Ort, an dem es außer Schimmel und Feuchtigkeit nichts gab.

Das Verstehen dieser Zusammenhänge ist übrigens nicht im-mer eine Garantie für ein Ergebnis. Neben den üblichen Depressio-nen, die die meisten Gefangenen der *Isolation* betrafen, empfand ich mehrfach im Monat aufrichtige Panik, wenn ich an die Zeit dachte, die ich hier noch verbringen könnte. All diese Gedanken führten dazu, dass mir plötzlich mitten in der Nacht in der Zelle die Luft fehlte, weswegen ich so tun musste, als müsste ich zur Toilette, die am leicht geöffneten Fenster lag. Gierig schluckte ich kleine Züge des Nachtwindes, die in unsere Zelle wehten – obwohl ich wusste, dass die Luft nicht weniger geworden war und das Problem in mei-nem Kopf bestand.

Es gibt einen weiteren wichtigen Moment bei der Wahrneh-mung des Verstreichens der Zeit. Trotz der festgelegten Strafe für den Tatbestand "Spionage" ist ein politischer Gefangener dazu ge-zwungen, zwischen "Austausch übermorgen" und "noch ein ganzes Jahr" zu existieren. Das ist natürlich überspitzt formuliert, aber eine solche Brechung der Zeit hat Auswirkungen auf die Psyche. Wäh-rend ein Verbrecher seine Haftdauer kennt – und auch einen An-knüpfungspunkt für ihren Willen haben –, lebt ein "Politischer" in einer zähen Routine aus Jahren und Stunden. Wendet man die be-kannte Skala für die Phasen der Annahme des Unvermeidlichen an, so kann man sagen, dass ein solcher Mensch nie die Phase der Ak-zeptanz erreicht und im Stadium des Verhandelns verbleibt, das manchmal in Depression übergeht. In der Tat, selbst nach zwei ge-gen mich verhängten Urteilen – jedes zu fünfzehn Jahren –, kann man dreißig Jahre Freiheitsentzug als unvermeidlich annehmen? Erst recht, wenn der Gedanke, dass eines Tages ein Austausch statt-finden wird, ein ständiger Begleiter ist? Deswegen also verwandelt die Ungewissheit einen Tag in einen Monat, und manchmal vergeht ein Monat (etwa vor dem Neujahrsfest) wie ein Tag. Diesen Umstand beschrieb mein Zellengenosse treffend, als er ihn mit der Möhre vor dem Gesicht eines Clowns verglich, die sich jedes Mal von ihm entfernt, sobald er einen Schritt auf sie zu macht.

Kapitel 8: Die blaue Lampe: Sich umbringen oder nicht?

Die Suizidfrage in einer Grenzsituation, an die Gefangenschaft und Gefängnisaufenthalt heranreichen, übersteigt den rein psychiatrischen Rahmen bei Weitem und ist eher existentialistisch als mechanistisch. Während Gedanken an Selbstmord in einem gewöhnlichen Umfeld an sich schon eine Indikation für eine Hospitalisierung oder mindestens für eine vertiefte Arbeit mit einem Menschen sind – kann man die Entscheidung eines Panzerfahrers für eine Abweichung halten, der einen Schuss in den Kopf einem langsamen und qualvollen Tod im brennenden Panzer vorzieht? In einem Umfeld jedoch, in dem physische Leiden mit einem tiefen psychischen Trauma zusammentreffen, sieht der Gedanke an Suizid eher wie eine Norm als wie eine Abweichung aus, eine Norm, die dazu bestimmt ist, von eben diesen Leiden zu erlösen.

Obwohl die Aufgabe dieses Buches vorrangig darin besteht, das Leben in der *Isolation* zu beschreiben, kann ich den Keller des *Kontors* nicht unbeachtet lassen, in dem ich mich anderthalb Monate, bevor ich in das "Donezker Dachau" kam, befunden hatte. Die Notwendigkeit ihn zu beschreiben, besteht darin, dass ich genau hier zum ersten Mal ernsthaft auf Suizidgedanken kam – und der Tod hörte auf, abstrakt zu sein, und fand Platz in einem kleinen Glassplitter, mit dem ich mich umbringen wollte.

Nachdem ich in eine Einzelzelle im Keller des "Ministeriums für Staatssicherheit" geraten war, fand ich für mich zwei Dinge heraus. Das erste: Menschen lebten hier fast wie Tiere. Und das zweite: Die Bewohner auf der anderen Seite der Wand existierten so schon sechs bis acht Monate, zogen von Zeit zu Zeit abgestorbene Haut von Händen und Füßen ab (nach ein paar Wochen werde ich mich ihnen anschließen). Weder Hofgang noch Sonne noch Wind noch vernünftige Ernährung noch Besuchstermine – selbst Verhöre führt fast niemand mit ihnen. Sie nahmen ihnen alles ab, sogar den Ka-

lender, sodass mein Nachbar jenseits der Wand die Jahreszeit anhand einiger Zweige des Baumes bestimmte, der vor dem Fenster
des Vestibüls wuchs – wenn es ihm gelang, auf dem Weg zur Toilette die Plastiktüte leicht anzuheben. Zum Waschen wurde man
einmal in drei Wochen gebracht, das ausgegebene Essen war häufig
verdorben, besonders zum Abend hin, sodass sie zum Abendessen
auch nur heißes Wasser bringen konnten.

Was die Bedingungen an sich betraf, so kondensierte etwa in
meiner Einzelzelle im Juni der Atem. Rundum lagen Brocken
feuchten Drecks, eindeutig noch vom Herbst oder Winter des Vor-
jahres; ein paar Flaschen mit Urin statt einer Toilette – ich lernte,
mich mit ihnen in den Nächten zu wärmen, indem ich sie gegen die
Hände drückte. An den Wänden Schimmel, in den einige Dutzend
gerade Linien geritzt waren (wahrscheinlich eine Art Kalender).
Wenn der Mensch im Laufe des Tages "groß" auf Toilette musste,
musste er das direkt in das Einwegessgeschirr erledigen und alles
in der Zelle behalten, bis man abends minutenkurz hinausgeführt
wurde. Statt einer Pritsche hatte ich ein Lattengestell; die anderen,
die vor mir hier saßen, hatten weniger Glück. So schlief der Gefangene vor mir auf einer Tür, bedeckte sich manchmal mit ihr und
drückte sich gegen die Wand. Um sich wenigstens irgendwie zu
wärmen, zerknüllten die, die Zeitungen hatten, diese und schoben
sie sich in die Hose.

Ich denke, in dieser Situation wird mich niemand für den Gedanken verurteilen, dass das kein Leben ist. Allgemein unterschie-
den uns von Tieren zwei Dinge: Humor und Suizid. Einmal brachten sie uns etwas, das Reis ähnelte, in irgendeinem Wasser, sodass
diese ganze Mischung von einem dichten Schaum bedeckt war und
sogar durch das Plastik hindurch übersäuert stank. Ich erinnere
mich, dass ich meinen Nachbarn ironisch durch die Wand fragte,
was es bei ihm heute zum Abendessen gebe. Nachdem er geflucht
hatte, sagte er mir, man habe ihm ein heißes Hacksteak gebracht.
Das griff sofort die Nachbarzelle auf, von wo eine heisere Stimme
antwortete, sie hätten Nudeln mit gebratenem Hühnchen. Nun, ich
selbst hatte an diesem Abend mit Käse überbackene Kartoffeln

"zum Essen" ... Welches Tier kann so bitter über seine Lage scherzen, wenn hundert Milliliter heißes Wasser das einzige Nahrungsmittel sind?

Was aber den Suizid angeht, so hatte ich sofort, nachdem ich erfahren hatte, dass sie diese Menschen hier vergessen hatten, beschlossen, dass ich mich nicht in eine Pflanze verwandeln werde, sollte es auch mir so ergehen. Mag mir auch alles genommen sein, aber diese Leute können mir nicht die Möglichkeit nehmen, meine letzte Entscheidung zu fällen. In diesem Moment – nach der Folter, rund um die Uhr in Gedanken an Mutter, meine Kellernachbarn, die hier kurz vor dem Winseln waren – war ich überzeugt: Das Einzige, was hier vom Menschen bleibt, ist die Möglichkeit, in Würde zu gehen.

Es muss gesagt werden, dass sogar das unter derartigen Umständen gar nicht so leicht ist. Abgesehen von der durchgehenden Videoüberwachung war die Auswahl an Gegenständen, die ich zur Verfügung hatte, recht bescheiden – wir wurden ja jeden zweiten Tag durchsucht und die quasi nackten Wände der Zelle auf den Kopf gestellt, sodass mir im Ergebnis eine kleine Schraube, ein Bleistiftstummel und ein kleines Stück Toilettenpapier, das der Gefangene jenseits der Wand bei einem Toilettengang mit mir geteilt hatte, geblieben waren. Es gab noch einen in der Mitte durchgebrochenen kleinen Plastiklöffel, für den sie mir aus Prinzip keinen anderen gaben, sodass ich die saure Suppe fast wie ein Hund aus dem Schälchen lecken musste, weil es unmöglich war, mit den Überresten dieses Gegenstands etwas Flüssiges zu essen.

Irgendwann spürte ich, dass ich das Gehör verliere, wahrscheinlich wegen des angesammelten Ohrschmalzes. Ich stand vor der Wahl, das letzte Stückchen Toilettenpapier für die Reinigung meiner Ohren zu verwenden oder es aufzubewahren. Ich entschied mich für ersteres, aber kaum hatte ich die Schraube hervorgeholt und sie mit etwas Papier umwickelt, das ich in dem restlichen abgekochten Wasser vom Abendessen angefeuchtet hatte, als sich plötzlich die Tür öffnete und mir auch das weggenommen wurde. Wahrscheinlich gingen sie davon aus, dass ich mithilfe der Schraube Selbstmord begehen wollte. In der Tat überzeugte meine

Erklärung, dass ich damit nur die Ohren säubern wollte, die Bewacher nicht – ich wurde an die Wand gestellt, während sie erneut die Zelle durchsuchten. So blieb mir letztlich einzig der kleine Bleistift. Später werde ich genau mit ihm meine ersten Zeilen im Keller auf einen Pappkarton schreiben können, bevor sie mir – wundersamerweise – freies Schreiben erlauben und mir sogar drei Dutzend Blätter für den Keller geben werden. All das wird übrigens anderthalb Jahre später weggenommen werden – in der *Isolation*.

Nachdem ich mich einen Monat hier befand, geschah das, was ich gefürchtet hatte: Tag um Tag verging, sie hatten jedoch aufgehört, mich zu Verhören zu bringen und aus dem Keller nach oben zu holen. Meine Nachbarn jenseits der Wand sagten, dass es mir jetzt ebenso wie ihnen ergehen werde: Anfangs Folter, aktives Verhör, und dann das "Pilzstadium", wie sie es nannten. Das heißt, Menschen werden einfach für ein halbes Jahr und länger im feuchten, kalten Keller vergessen, bekommen ein Minimum an Essen zum Erhalt des Lebens und werden so einen unbestimmten Zeitraum im Halbdunkel gehalten, wie Pilze. Keinerlei Bitten, jemanden aus dem *Kontor* zu rufen oder uns nach oben zu einem Ermittler zu bringen, brachten hier ein Ergebnis. Oft wurde dem Menschen nicht einmal geantwortet, sondern ihm nach der Essensausgabe die Tür vor der Nase zugeschlagen.

Es sei gesagt, dass mir die Entscheidung, nicht zu so einem Gewächs zu werden, enorm schwerfiel. Und der Hauptgrund war die Familie. Bis zu diesem Zeitpunkt konnte ich mir einreden, dass der Tod sowieso unvermeidlich und selbst zu gehen, solange noch der Wille und der klare Verstand da waren, der einzige Ausweg sei, sodass mir der Tod an sich in dieser Zelle als Segen erschien. Allerdings wusste ich nicht, ob meine Mutter überhaupt noch lebte, da es schon klar war, dass ich einfach verschwunden war, und es keine Garantie gab, dass ihre Psyche und ihr schwaches Herz das aushalten konnten. Auf ihren Schultern lag auch die Verantwortung für zwei alte Großmütter, weswegen ich wusste, dass, selbst wenn alle noch am Leben waren, mein Tod sicher alle drei umbrächte, sobald sie davon erführen. Das moralische Dilemma lag auf der Hand: Vor meinen Augen stand die Erfahrung von Menschen, die sie in Tiere verwandelt hatten, und ich wollte mich nicht bei ihnen einreihen. Die Freiheit, aus dem Leben zu scheiden, schien mir der einzige Tropfen an Würde, den hier noch jeder von uns besaß. Auf der anderen Waagschale lagen aber die Leben meiner Mutter und zweier Großmütter. Diese Leben würden gemeinsam mit meinem gehen. Im Endergebnis gewann der Keller doch die Oberhand und ich überzeugte mich davon, dass die Mutter mit ihrem schwachen Herzen auch so wahrscheinlich schon nicht mehr auf der Welt wäre. Natürlich war diese Entscheidung eine Folge dieser Wände, nicht der Logik, da ich weder genaues über Mutter wissen konnte noch, wie lange sie mich hier festhalten wollten.

Ich fragte einen Menschen, der hier schon acht Monate saß – ich fragte, ob er sich eine Grenze gesetzt hatte.

"Nicht nur eine!", war durch die Wand zu vernehmen. "Ich bin im Herbst hierher geraten und sagte mir, dass ich bis Neujahr warte. Dann habe ich im Winter ein paar Mal diese Grenze verschoben, so habe ich bis zum Frühjahr durchgehalten. Und jetzt warte ich auf Juli. Jedes Mal, wenn du für dich einen neuen Punkt markierst, erscheint ein Sinn, eine kleine Hoffnung. Aber dann geschieht wieder nichts. So leben wir."

Dieses Gespräch überzeugte mich endgültig, dass man nicht selbst den Verlierer spielen darf. Ich wusste, dass dieser Mensch schon seit dem letzten Winter ein kleines Stück Glas von einem Suppenbehälter, den sie einmal zerschlagen hatten, versteckt hatte. Er hob es genau für den Fall auf, dass es ganz schwer werden würde. Es ist lächerlich, aber ich konnte ihn kaum davon überzeugen, es für mich während des abendlichen Ausführens auf der Toilette zu verstecken. Nicht nur, weil das das einzige Stück Glas im ganzen Keller war. Dieser Mensch hatte mein Reden über unsere Würde angehört und entschied plötzlich, dass ich für ihn in den Keller geworfen worden sei – es sei exakt das Zeichen, das ihm gefehlt hätte. Und jetzt war er selbst entschlossen, alles zu beenden. Es kostete mich große Mühen, ihn davon zu überzeugen, dass es ein bedeutend größeres Zeichen sei, wenn er sich die ganze Zeit so ans Leben geklammert hatte, dass er diesen Moment immer wieder hinausschob. Denn mein Reden und mein Auftauchen könnten die

letzte Prüfung sein. Und wenn er auch sie würdig hinter sich bringen könnte, könnte zum Juli hin alles vorüber sein, wie er es sich
erträumte.

Natürlich trickste ich, weil ich es selbst nicht glaubte. Solche
Fragen können immer in jede für uns bequeme Richtung gedreht
werden. Genau darin besteht das "Glasperlenspiel", seine finale Absurdität. Es ist erstaunlich, wie seltsam sich unser Schicksal fügt.
Denn dieser Mensch, ein Russländer, wird genau derjenige sein,
dem ich ein Jahr später bei der Flucht aus der *Isolation* helfen werde,
wohin sie uns alle nach der Geschichte mit dem nicht geglückten
Suizid bringen werden. Und unser Umzug wird am 28. Juni geschehen – zwei Tage vor Beginn … des Juli. Der eine wird es Schicksal
nennen, der andere Gott. Aber dass wir beide jetzt in Freiheit und
am Leben sind, ist als Ereignis nicht wahrscheinlicher als dieser
Keller selbst.

Wie auch immer, am Abend hinterließ er mir diesen Glassplitter in der Toilette, den ich – so sehr ich mich in den zugestandenen
zwei Minuten bemühte – nicht finden konnte. Es gab nicht viel zu
durchsuchen, denn hinter der Kloschüssel war ein Hohlraum und
wäre das Glas da gewesen, hätte ich es sofort gesehen. Vor mir war
noch ein Gefangener hinein gegangen, der wahrscheinlich in
Kenntnis dieser Gespräche das Glas heruntergespült und alles den
Bewachern erzählt hatte – um seine Gesundheit zu bewahren, denn
im Fall eines Suizids hätten sie den ganzen Keller verprügeln können.

Aber damit ist diese Geschichte noch nicht vorüber. In jeder
Zelle waren zwei Lampen: Eine gewöhnliche wurde hier tagsüber
eingeschaltet, während die Bewacher nachts eine "blaue Lampe"
anmachten. In meiner Zelle war das eine dicke lilafarbene Deckenlampe mit einem Eisengitter, die mich nachts in endgültige Finsternis und Depression versetzte, weil sie den ganzen Raum mit einem
trüben blau-violetten Farbton erfüllte. Offen gesagt führte allein
dieses "quarzfarbene" Licht zu Gedanken an Suizid und Gefangene
waren dieser Einwirkung ein Drittel des Tages über mehr als ein
halbes Jahr hinweg ausgesetzt. Nach der Pleite mit dem Stückchen
Glas beschloss ich, die gewöhnliche Lampe zu zerschlagen, denn

bei der dicken Deckenlampe wäre das sicher nicht geglückt. Das musste aber nachts erfolgen, wenn die "blaue Lampe" brannte – um nicht in der Dunkelheit umher kriechen zu müssen und Zeit bei der Suche nach dem Glas zu verlieren. Ich befürchtete, dass ich im Zustand des Affekts nicht einmal das schaffen würde. Es war nämlich so, dass sie uns hier tatsächlich rund um die Uhr überwachten – sodass einmal, als mein Nachbar jenseits der Wand sich auf das Gitter gestützt hatte und, ohne es selbst zu wissen, in den toten Winkel geraten war, es keine paar Minuten dauerte, bis die ganze Schicht in den Keller stürmte, um den Flüchtigen zu suchen.

Ich wusste, dass ich nicht mehr als anderthalb Minuten hatte, bis sich die Bewacher in meiner Zelle versammeln würden. Diese Zeit hatte jeder von uns – ich und mein russländischer Nachbar – unabhängig voneinander berechnet, während wir vom Eingang bis zur Kellertür geführt worden waren. Dann öffneten die begleitenden Wachen das erste Schloss, brachten uns nach unten und hatten noch mit dem Schloss der eigentlichen Zelle zu tun. Wenn man berücksichtigte, dass sie rennen würden, ergab das etwas mehr als eine Minute. Natürlich gelingt es in dieser Zeit nicht zu sterben, wenn man sich einfach nur die Venen öffnet, sodass ich mich auf die Halsschlagader einstellte, was psychologisch schwieriger war.

Wenn ich mich jetzt an diese Zeit erinnere, wundere ich mich, welche große Rolle der Verstand dabei spielte. Es ist offensichtlich, dass ich nicht einfach niedergeschlagen war – die Depression und die Gedanken an den Tod hatten mich vollkommen erfasst. Und dennoch "zählte ich rückwärts", wog alles langsam ab und schaute beständig nach oben auf die Lampe. Ich betrachtete sie nachts, im violetten Licht. Betrachtete sie tags, wenn sie die Augen blendete. Den Vater hatte einst eine Flasche umgebracht, er trank stets zu viel Wodka und erfror unter einer Parkbank. Bis zu diesem Tag – wie übrigens auch jetzt – hatte ich nie Alkohol angefasst. Zum Teil aus Trotz, zum Teil, weil ich wirklich Angst hatte, dass ich wie er enden könnte. Und jetzt würde mein Ende noch übler und früher kommen: Er ist mit sechsunddreißig erfroren, ich werde mich mit siebenundzwanzig umbringen. Die Gedanken waren verworren, ich bemühte mich, nicht an Mutter zu denken und die ganze Willenskraft auf dieses Glas zu konzentrieren.

Nach der seltsamen Geschichte mit dem Toilettenglas am Montag hatte ich mir eine neue Grenze gesetzt – Donnerstag. Auch dieser Tag war nicht zufällig gewählt, denn die "blaue Lampe" wurde nachts immer von einer bestimmten Schicht eingeschaltet, während die andere das weiße Licht weiterbrennen lassen konnte. Diese Schicht kam genau an diesem Donnerstag, weswegen ich den Russländer am Dienstag um die Waschmaschine bat – die "Zanussi[14]", wie wir sie nannten. Das war ein gewöhnlicher, leicht verschimmelter Fünf-Liter-Kanister, der in der Mitte abgeschnitten war und in dem man sich oder seine Sachen wenigstens etwas waschen konnte. Ich hatte beschlossen, den Kopf zu waschen und zumindest ein wenig von dem Dreck und Geruch abzuwaschen, der mich Tag für Tag umgab. Es ist natürlich absurd, sich vor dem Tod reinwaschen zu wollen. Und dennoch erschien es mir damals, dass ich fast schon Orden anlegte. Ich wollte zeigen, dass ich kein Tier bin, dass es ihnen nicht gelingt, mich dazu zu zwingen, mich mit dem Schimmel abzufinden, mich an den Keller zu gewöhnen, hier für immer zu verschwinden.

Mehr schlecht als recht hatte ich mich am Dienstag gewaschen, und bereits am Mittwochmorgen öffnete sich die Tür – und ich sah meinen *Ermittler*. Er befahl, sich eilig bereit zu machen – mir und denen, die jenseits der Wand saßen. Die Geschichte mit dem Glas war im *Kontor* angekommen und dort hatte man wahrscheinlich entschieden, dass es in der *Isolation* ungefährlicher für uns wäre – genau dorthin wurden wir alle an diesem Tag verlegt.

Isolation und Selbstmord sind Synonyme, denn die Geschehnisse dort spiegeln zum Teil den vorherigen Keller wider. Die Lebensumstände wurden komfortabler, dafür erhöhte sich der Grad des Drucks und des physischen Schmerzes um ein Etliches. Wegen der Ereignisse hier schaffte eine Person es häufig nicht nachzudenken – die freie Zeit ging für Röcheln und Schock drauf. An diesem

---

14   Zanussi: italienischer Haushaltsgerätehersteller (A.d.Ü.)

Ort geschah alles viel schneller und härter, und die Fragen nach Leben und Tod gingen selten durch den Filter von Reflexion und Gefühlen.

Dennoch war ein Teil der Suizidversuche, die sich meiner Erinnerung nach in der *Isolation* ereigneten, höchst bezeichnend. Eine Ausnahme war der Fall, als ein Mensch im Schockzustand nach der Folter versuchte, sich mit einem Nagel die Venen zu öffnen. Aber auch in dieser Situation trat kein letaler Ausgang ein. Er befand sich unter ständiger Beobachtung und wurde gestoppt, danach verlegte man in aus der "Einzel" in eine allgemeine Zelle, wo die anderen Gefangenen schon auf ihn achten würden. Ich wurde zum unfreiwilligen Zeugen seines Gesprächs mit der Wache, das im Korridor vor unserer Zellentür stattfand. Der Aufseher versuchte ihn zu beruhigen, während er ausrief: "Sie verstehen nicht! Ich halte das nicht mehr aus!" und eine der grausamsten Foltervarianten beschrieb – mit einer anal eingeführten Elektrode. Ohne zu verstehen, dass Derartiges an diesem Ort einfach System war, ein Standardfall, versuchte dieser Mensch aufrichtig, dem Aufseher all das zu erklären, was man mit ihm gemacht hatte und was er eindeutig selbst immer noch nicht glauben konnte.

Der zweite Suizidversuch betraf einen Mann, der gleichzeitig mit seinem Sohn auf demselben Tisch gefoltert worden war. Es muss gesagt werden, dass Folter ein ganzer Komplex von Maßnahmen ist, der sich nicht nur auf das Zufügen körperlicher Schmerzen beschränkt. Als sein Sohn sich wegen der unwillkürlichen Muskelkontraktionen einnässte (sie hatten beiden Stromstöße im Anus und an den Genitalien versetzt), brüllte man dem Vater Folgendes entgegen: "Schau das Söhnchen an – hat sich eingepisst wie ein Welpe!" Nach den Worten dieses Menschen hatten ihm weder die Folter selbst noch Todesdrohungen solchen Schmerz zugefügt, wie ihn seine Seele in diesem Moment empfand. Aber dieses Gespräch wird erst wesentlich später stattfinden, vorerst brachten sie einen Menschen mit tiefen Verbrennungen durch die elektrischen Stromschläge und Blutergüssen am Kopf in unsere Zelle. Letztere waren Anzeichen seines Selbstmordversuches, als er im Keller der *Isolation*

versuchte, sich den Schädel an der Metallecke der Pritsche einzu-
schlagen. Der Sinn seiner Verlegung in unsere Zelle bestand darin,
dass man schon aufgehört hatte, mit ihm zu "arbeiten", und die
Aufgabe der Administration jetzt darin bestand, seinen Selbstmord
zu verhindern.

Am Abend stellte sich jedoch ein anderes Problem heraus:
Von sieben bis halb acht war dieser Mensch plötzlich komplett des-
orientiert, verstand nicht, wo er sich befand, und verfiel in ein De-
lirium. Das lag daran, dass er eine ganze Woche lang genau zu dieser Zeit gefoltert worden war. Und kaum brach der Abend an und
im Korridor waren die geringsten Schritte zu hören, so begannen
seine Hände krampfartig zu zittern, er selbst setzte sich an den
Rand der Pritsche an der Zellentür, wiederholte sinnlos: "Halt aus,
Söhnchen, halt aus, halt aus, halt aus", und war aufrichtig überzeugt, dass er sich jetzt gemeinsam mit seinem Sohn im Keller be-
finde. Auf all unsere Worte und Versuche, ihn zu beruhigen, erfolgte praktisch keine Reaktion, weswegen man ihn an den Tisch
setzen und leicht auf die gebrochenen Rippen drücken musste –
erst danach war es möglich, ihn mit Gesprächen über das Angeln
und den Schacht (er war Bergmann und Angler) abzulenken.

Es sei gesagt, dass sie seinen Sohn schließlich gehen ließen
und den Vater daran erinnerten, dass sie ihn immer zurückholen
könnten, wenn vor Gericht etwas nicht so liefe, wie es sollte. Ich
erinnere mich, dass ich gerade bei diesem Beispiel, bei dem Sohn,
der sich in Freiheit wiederfand, dachte, dass es in gewisser Weise
schlechter ist, so herauszukommen als weiter zu "sitzen". Noch gestern hattest du dich des Lebens gefreut und von der geliebten Ehefrau ein Kind erwartet, heute findest du dich nackt in einem Keller
neben dem Vater wieder, ihr werdet mit Wasser übergossen und
erhaltet Stromschläge und nach einem Monat lassen sie dich frei,
weil jemand beschlossen hat, dass für das Strafverfahren der Vater
ausreicht. Ist das Leben nicht vollkommen absurd?

Ich selbst brauchte fast zwei Jahre – zwei Lebensjahre in der
Isolation –, um zu dem wahrscheinlich zentralen Gedanken zu kommen, den ich aus den Ereignissen hier zog. Bewusst dort das Leben
zu wählen, wo alles für den Tod spricht – darin besteht die Antwort

auf alles. Die Antwort auf den Sinn, das Vergeben – wenn diese Frage überhaupt gestellt werden kann, die Antwort auf die Essenz unseren "Ichs". Ich fühle diese Antwort mehr als ich sie verstehe, aber es geht dabei sicher nicht um eine plötzlich auftauchende Liebe zum Leben oder etwas in dieser Art. Das Leben dort zu lieben, wo wegen der Folter geschrien und unter den Pritschen gebellt wird, ist Blasphemie und die Ehrlichkeit sich selbst gegenüber zwingt einen anzuerkennen, dass ein Suizid hier ein vernünftiger Gedanke ist. Der Punkt ist jedoch, dass die *Isolation* nicht vom Krieg handelt. Sie handelt vom Menschen. Ich versuche meine Gedanken zu erklären.

Es wäre falsch anzunehmen, dass man hinter diesen Mauern ausschließlich "Ukropy" misshandelte, zu denen sie alle rechneten, die des Tatbestands der "Spionage" verurteilt waren. Im Gegenteil, sie hatten bei uns einen möglichen Austausch im Blick, und das bedeutete, dass eine Person keine sichtbaren Narben, Brandwunden und Brüche erhalten sollte. Während die Eigenen – die sogenannten "Aufständischen", Mitarbeiter von "Ministerien" und andere – bloßes Fleisch darstellten, Übungsmaterial, das man buchstäblich in den Boden schlagen konnte, ohne Angst vor Folgen. Die Administration der *Isolation* verstand bestens, dass diese Gefangenen kein einziger russländischer Fernsehkanal jemals interviewen und keine lokale Zeitung über sie schreiben würde. Diese Menschen existierten nicht, es gab ihr Leiden nicht, sie waren niemand. Genau deswegen ist die *Isolation* die Linie, nach deren Überschreiten sich ein Mensch wie Gott fühlt, während er wie der Teufel handelt. Sie ist eine Erzählung über jeden von uns und besonders über die, die das durchgemacht haben und bereit waren, ebenso mit denjenigen zu verfahren, die sie gequält hatten.

Ich habe mich mit vielen Gefangenen unterhalten und die meisten waren sich in einem einig: Wenn sich eine Chance zur Rache böte, dächte keiner auch nur eine Sekunde nach. In den Gesichtern dieser Menschen in Sturmhauben spiegelst du dich selbst und verstehst, dass du im Moment der Folter oder einfach nur ihres Lachens zu noch viel grausameren Dingen bereit bist als die, die sie

dir antun. Und wenn die Administration der *Isolation* unsere Gedanken gekannt hätte, wären wir kaum ohne Handschellen zum
Duschen gegangen. Weiter als bis zu Gedanken ging es übrigens
bei niemandem. Hier gab es Menschen, die sich "aufschnitten", aber
kein einziger stürzte sich jemals auf die Wache. Und das ist noch
eine gesonderte Frage – warum nicht? In den schlimmsten Zeiten
der *Isolation* erreichte die Zahl der Gefangenen siebzig Menschen,
aber es ereignete sich kein einziger massenhafter Ungehorsam gegenüber der Administration.

Zu der Frage nach dem Suizid zurückkehrend sei angemerkt,
dass, sobald sie einem Menschen Zeit geben, zu Atem zu kommen
und den ersten Schock zu überwinden, sich herausstellt, dass zwischen Leben und Tod eine Reihe durchaus irdischer Faktoren stehen, die ihn auf dieser Erde halten. Das sind sowohl die Bildung als
auch die Religiosität als auch die Liebe der Angehörigen und die
Liebe zu den Angehörigen als auch die Angst vor dem Tod als auch
sogar ein dem Leben eigener Egoismus. So sagten einige von uns,
dass sie schon deswegen nicht zum Selbstmord bereit seien, weil
der Suizid alles auslösche, was sie hatten aushalten können. Es
zeigte sich, dass jeder neue Tag Folter und Erniedrigung ein Anreiz
war, den nächsten zu ertragen. Einer meiner Zellengenossen, den
sie einen Monat lang gefoltert und im Keller mit Handschellen an
das Gitter gefesselt hatten (so, dass er sogar die Flasche mit dem
fauligen Wasser mit den Beinen heranziehen musste), sagte mir
Folgendes: "Ich bin nicht bereit, mein Leben so billig herzugeben.
Als Krieger an der Front sterben – ja. Aber so wie ein Hund zu verrecken, auf der Pritsche, damit sie wieder einmal schreiben 'Herz-
insuffizienz' – darauf lasse ich mich nicht ein."

Interessant ist, dass dieser Mensch aus Prinzip nicht die Plastiktüte wechselte, in der er gefoltert wurde. Er fuhr so auch ins *Kontor*, mit den abgerissenen Klebebandfetzen, mit denen sie ihn beim
Anlegen der Drähte umwickelt hatten. Als ich ihn danach fragte,
meinte er scherzhaft, dass ihm die Plastiktüte als Andenken teuer
sei. Von mir füge ich hinzu, dass in der Liste der Gründe für das
Leben bei einigen tatsächlich nur eines übrig blieb – Rache.

Ich bin überzeugt, dass es zwei Seiten des Suizids gibt, die psychologische und die ontologische, die einander nicht ersetzen können. Im gegebenen Fall möchte ich beide Aspekte genauer betrachten, da in so einer kritischen Situation wie einer Gefangenschaft eine rein neuronale Verbindung ohne Beteiligung des Denkens unmöglich ist – und umgekehrt. Ein Mensch, der lange in den Labyrinthen der Depression und Verzweiflung geirrt ist, kommt früher oder später notwendigerweise dazu, genau ein ontologisches, philosophisches Fazit für seine Entscheidung zu ziehen – auf dieser Erde bleiben oder nicht. Erlauben Sie, den Gedanken anhand meines persönlichen Beispiels zu erklären.

So oder so stellte ich mir die Frage nach dem Suizid in Gefangenschaft regelmäßig, angefangen vom Keller bis hin zum offiziellen Gefängnis. Allerdings war ich von psychologischer Seite her am nächsten am Suizid, als ich die *Isolation* bereits hinter mir hatte und in das Donezker Untersuchungsgefängnis geraten war.

Dieser Ort unterstand nämlich einer völlig anderen Behörde, nicht dem "Ministerium für Staatssicherheit". Dennoch liefen Pakete von den Angehörigen für die "Politischen" immer über einen Tschekisten[15], der uns sogar im Gefängnis zugeordnet war. Einmal, bei dem einzigen Besuchstermin, den sie uns erlaubt hatten, bat ich Mutter, mir beim nächsten Mal ein russisch-englisches Wörterbuch zu übergeben, das mir aus unbekanntem Grund noch in der *Isolation* zusammen mit allen Manuskripten abgenommen worden war. Als die Sendung kam und ich darin blätterte, bemerkte ich einige unterstrichene Wörter. Es versteht sich von selbst, dass Notizen und Briefe an "Politische" selbst hier im gewöhnlichen Gefängnis verboten waren – wir galten als "besonders gefährlich". Deswegen dachte ich, dass Mutter mir so etwas wirklich Wichtiges mitteilen wollte. Zudem waren die Wörter in der russischen alphabetischen Reihenfolge markiert, mit einer Farbe, und hatten, wie sich herausstellte, eine Sinnrichtung, was einen Zufall ausschloss. Aber kaum hatte ich sie gelesen, wurde mir schwarz vor Augen, der Puls stieg

---

[15]   Geheimdienstmitarbeiter, ugs. (A.d.Ü.)

und ich wurde weiß wie die Wand, was die Zellengenossen mir sofort sagten.

Im Wörterbuch war markiert: "Schwanger", "Vergewaltigung", "Prostituierte", "Unzucht", "Luder" und "Vieh". Obwohl meine Mutter nie Derartiges über einen Menschen hätte schreiben können, mit dem ich damals noch zusammenlebte, und einige Wörter mindestens seltsam waren ("Vergewaltigung" und "Prostituierte"), verlor ich für die nächste Woche die Fähigkeit zu denken. Vorausgreifend füge ich an, dass Mutter tatsächlich ein sauberes Wörterbuch übergeben hatte und all diese Schaffenskunst die Folge der besonderen "Liebe" der Tschekisten zu mir war, die sich auf diese Art etwas unterhalten wollten. Dennoch muss man sich dieses Bild vorstellen. Ich bin in eine kleine Zelle gepfercht, ohne absehbare Perspektive herauszukommen und ohne Verbindung zur Außenwelt. Während die benachbart untergebrachten Kriminellen illegal Telefone bei sich hatten, konnten wir diese Frage nicht einmal für Geld klären. Und da erhalte ich eine Ansammlung von Wörtern, die mir mitteilen, dass der einzige Sinn für mein derzeitiges Leben und die ertragenen Leiden durch einige Unterstreichungen zerstört wird. Zudem ist völlig unverständlich, was genau passiert ist. Es ist nur klar, dass es etwas Schreckliches ist, worauf ich von hier nicht einwirken kann und über das ich ebenso wenig Klarheit gewinnen kann.

Ich habe fast den Verstand verloren. Selbst wenn ich mich jetzt an den ersten Tag, nachdem ich diese Worte gelesen hatte, erinnere, erlebe ich immer noch einen leichten Anflug dieser Übelkeit, die ich im Verlauf einer Woche hatte, zusammen mit Fieber, nervösem Zittern und fast völliger Schlaflosigkeit. In diesem Moment fühlen Sie jeden Meter des Raums und verstehen, dass alles, wozu Sie in der Lage sind, auf drei, vier Schritte begrenzt ist. Es ist erstaunlich, wie ich diese Zelle früher wahrgenommen hatte – fast mit Euphorie, als ich gerade aus der *Isolation* hierhergekommen war. Jetzt brachte sie mich fast physisch um, zerstörte die Psyche, die Persönlichkeit mittels einer Sammlung von Wörtern. Ich weiß nicht, was mir Kraft gab, eine Woche durchzuhalten, bevor mir ein Zellengenosse, der dafür seine Besuchstermine riskierte, die Antwort brachte: "Sie hat nichts unterstrichen. Sie wartet immer noch."

Für einen Menschen, der sich in tiefster Depression befindet, verengt sich die Welt auf einen Punkt. Der Verlust von Orientierungspunkten im Leben oder ein existentieller Schock führen zu einer kompletten Unterdrückung des Willens, der jetzt nur noch für eines ausreicht: Suizid begehen. Von einer rationalen Seite her ist es durchaus logisch, Leiden zu vermeiden, und ein künftiger Selbstmörder entzieht sich mit seiner wahrscheinlichen Tat genau dem, was – seines Eindrucks nach – durch nichts überlagert werden kann. Anders formuliert wird die innere Seite des Lebens völlig unerträglich. Äußerlich zeigt der Mensch Apathie, Gleichgültigkeit und Schweigsamkeit – bis er zu dem Schluss kommt, dass zum Ertragen dieses Gefühls sowohl Kraft als auch Sinn fehlen.

Genau darin liegt die Gefahr einer Ontologie des Suizids, da ein Gefangener der *Isolation*, der mit grenzenloser Grausamkeit konfrontiert ist, diesen Gedanken nur als äußerste Variante bereit hält – und in diesem Sinne ist er absolut ehrlich mit sich. Als hätten wir einander gesagt: "Ich will nicht sterben, aber wenn das Leiden unerträglich wird, werde ich zu diesem Schritt gezwungen sein." In Freiheit ist alles anders. Die äußere Gefahr existiert nicht mehr. Dafür ist das Kaleidoskop der Enttäuschungen so riesig, dass der Befreite ohne Antworten zu finden in einem neuen Schock versinkt. Dazu allerdings etwas später mehr.

Kapitel 9: Folter: Wie es war

Folter ist ein ganzes Bündel an Maßnahmen, das nicht so sehr darauf ausgerichtet ist, einen Menschen physisch zu brechen, sondern mehr auf die Vernichtung seiner Persönlichkeit. Genau deswegen werden der Einschüchterung, die das Gefühl des körperlichen Schmerzes verstärkt, und der Erniedrigung große Bedeutung beigemessen. Die folgenden Beschreibungen sind nicht erschöpfend, sie behandeln nicht alle Varianten der Folter, die in den Donezker Kellern eingesetzt werden. Ich werde aber versuchen, in aller Kürze meine persönliche Erfahrung durch das Prisma der "Prozeduren" (eine der beliebtesten Bezeichnungen für die Foltermaßnahmen hier), die ich selbst durchmachte, wiederzugeben:

Meine eigenen "Prozeduren" fanden nicht in der *Isolation* statt, bis zu der es noch lange anderthalb Monate waren, sondern in gewöhnlichen hellen Büros, im Zentrum von Donezk, mitten am helllichten Tag. Vorausgreifend sage ich, dass ich verblüfft war, als sie mich in Handschellen auf einen Stuhl neben einem Fenster setzten, das auf einen der zentralen Boulevards hinausging. Einige Minuten später werden sie Drähte an meine Daumen anlegen und elektrischen Strom einschalten – aber im Wesentlichen wird sich nichts ändern: Keine Dunkelheit, keine bedrohlichen Keller, in denen sie meine zukünftigen Zellengenossen foltern werden. Vor dem Fenster werden weiter die Bäume zu sehen sein (sie nehmen vor Beginn der Folter sogar den Sack von meinem Kopf), es wird weiter die Maisonne scheinen und etwas weiter weg, an der Haltestelle, werden die Menschen auf ihren Bus warten, während sich meine Muskeln qualvoll zusammenziehen werden. Diese Absurdität, zentriert auf einen Fleck des städtischen Raums, wird mich noch mehr als einmal verblüffen – aber einstweilen führten sie mich in ein Büro, in dem das Leichteste auf mich wartete: Ein PR-73 oder, einfacher gesagt, ein Gummiknüppel.

Eine Zeit lang schlugen sie damit auf mich ein, immer auf dieselbe Stelle, etwas über dem Knie, weswegen sich die Haut unter der Jeans bereits nach einigen Minuten aufblähte als wäre sie eine

Seifenblase. In der *Isolation* werden sie solche Menschen später "Ampeln" nennen – wegen des Effekts, aus dem der ganze Körper ein einziges erst lilafarbenes Hämatom wird, das später in gelbe und grüne Schattierungen übergeht. Einmal trugen sie so eine "Ampel" in unsere Nachbarzelle und legten sie dort auf den Boden, legten eine Decke über sie und verboten, sie auf die Pritsche hinüber zu schleppen. So lag der Mensch bis zum Morgen da. Aus mir wird aber nur in Teilen eine "Ampel" werden. Jedoch sollte ich während der Schläge auf die Fragen der mir gegenüber sitzenden Tschekisten antworten, die dergestalt waren: "Was bin ich für ein Vieh, wenn ich die Wahl des Volkes, in einem getrennten Land zu leben, nicht achte?" Wenn ich auch nur eine Sekunde nachdachte oder zu erklären versuchte, dass ich mich wegen der Schmerzen nicht konzentrieren konnte, schlugen sie noch heftiger und öfter zu, sodass die Absurdität schon hier begann: Ich musste "ein Gespräch führen" und so tun, als prasselte nicht parallel ein PR-73 auf mich nieder.

Nach einer solchen kurzen "Unterhaltung" zogen sie mir wieder den Sack über den Kopf und führten mich über den Korridor in ein Nachbarzimmer, wo der Sack wieder abgenommen wurde. Genau in diesem Zimmer geschah es. Ich sah vor mir drei Menschen in Sturmhauben und eine kleine, geöffnete Videokamera, in die sie mich höflich und konsequent siezend baten, kurz meine Biografie zu erzählen. Dieses "Sie" erzeugte die Illusion, dass alles schon nicht so schlimm kommen würde. In diesem Moment hatte ich weder vom Ausmaß der "unterirdischen Welt" von Donezk noch davon, dass hinter diesen Mauern neunundneunzig von hundert Menschen Folter durchlaufen, eine Vorstellung. Von all dem konnte ich mich überzeugen, sobald das Objektiv der Videokamera verschlossen war und ein alter Telefonapparat ins Zimmer getragen wurde. Wie sich herausstellte, war dieses Gerät eine örtliche Berühmtheit, das "Feld-Lügendetektor" hieß oder einfach "TAPIK", die Abkürzung für Feldtelefonapparat mit Induktionsspule. Von ihm gingen zwei Drähte ab, die sofort an meinen Daumen befestigt wurden.

Wider Erwarten wurde der Grund für den ersten Stromschlag die scheinbar gänzlich unschuldige Frage: "Was ist das für eine Telefonnummer in deinem Telefon?" Trotz des schon beginnenden Schockstadiums begriff ich, dass es sich um ein gerade erst extra von hier getätigten Anruf bei einer Bankfiliale handelte, weswegen ich einfach sagte: "Ich weiß es nicht, ich habe sie nicht angerufen." Eine falsche Antwort, und sie leiteten zum ersten Mal elektrischen Strom durch mich. Überhaupt bedeutet jede verneinende Antwort in einer derartigen Situation, sich zu Stromschlägen zu verdammen, was aus einer ganzen Reihe der folgenden, auf den ersten Blick absurden Fragen klar wurde.

Ich wurde zum Beispiel sogleich gefragt, wie oft ich masturbiere. Der ganze Trick besteht darin, dass sie erst die Fragen stellen, auf die die Antworten offensichtlich, aber unangenehm sind. Und wenn ein Mensch bereits hier zu lügen beginnt, in der Anfangsphase, wird seine Folter grausamer und länger. Zudem versuchen sie, Ihre Konzentration zu stören, indem sie etwa von Fragen zu Spionage, die sie mir vorwarfen, zur Frage kamen, ob ich an Gott glaube oder schon einmal einen Fallschirmsprung absolviert hätte. Was auf den ersten Blick chaotisch erscheint, hat tatsächlich ein eindeutiges Ziel: Sie zu offensichtlichen Lügen zu verleiten.

So antwortete ich auf die Frage nach dem Fallschirm "Ja", wonach sie direkt fragten: "Was für eine Art von Fallschirm?". Als ich "Gleitfallschirm" antwortete, erhielt ich sofort einen Stromschlag und einen Schlag mit etwas Hartem in den Nacken – zusammen mit dem Schrei, ich löge. Diese Leute konnten nicht wissen, ob meine Antwort der Realität entsprach, für sie war das eine wichtig: Mich dazu zu bringen, meine Antwort zu ändern, danach noch härter und länger zu foltern und mir Lügen vorzuwerfen. Fragen nach der Familie oder Gott lassen Sie weicher werden, erzeugen die Illusion einer Entspannung, eines "menschlichen Gesprächs", weswegen der nächste Stromschlag viel schmerzhafter sein wird. Zudem muss man sich vorstellen, dass im Verlauf dieser ganzen Zeit die höflichste Anrede das Wort "Vieh" sein wird, was Ihre Selbstachtung senken und Ihnen ein Gefühl der Schuld einimpfen soll. Während eines Gesprächs über Gott siezte mich damals unerwartet einer von ihnen – wonach alles von Neuem begann. Eine "Achterbahnfahrt" aus den Schulungshandbüchern der Sowjetzeit.

Natürlich gelingt es erst später, all das zu begreifen, wenn alles vorüber sein wird, aber einige Details wurden mir direkt dort klar. So sagte etwa einer, kaum dass sie mich hingesetzt hatten, in recht grober Form: "Warum sich mit ihm aufhalten? Schneiden wir ihm einfach den Kopf ab und werfen ihn in den Kalmius[16]!" Aber in diesem Augenblick wurde mir plötzlich klar, dass sie alle in Sturmhauben waren. Wenn sie ernsthaft vorhatten, jemandem den Kopf abzutrennen, würden sie wohl kaum ihre Gesichter verdecken. Oder ein anderer Moment. Ich wurde ständig nach einer Kontaktperson gefragt, die es selbstverständlich nicht gab. Da verstand ich, dass es sich absolut verbot, sich etwas auszudenken und anzugeben, was nicht existierte. Ja, bei einer jeden solchen Antwort intensivieren sie die Stromstärke, aber in diesem Fall ist Ertragen besser als sich in nicht existenten Fakten zu verstricken, die im Endeffekt die restliche Gesundheit kosten werden. Ein Beispiel dafür ist die Geschichte eines jungen Mannes, den ich erst später im Donezker Untersuchungsgefängnis kennenlernte. Er saß genau wie ich unter Strom auf dem Stuhl, ohne die geringste Verbindung zu Geheimdiensten zu haben. Aber an einem Punkt hielt er es nicht mehr aus und erfand auf die Frage nach der Kontaktperson einen Major, zudem dachte er sich noch einen Namen aus, weswegen er wesentlich mehr seiner Gesundheit einbüßte, als seine Folterknechte endlich erkannt hatten, dass er die Aussage wegen der Stromschläge nur ersonnen hatte.

Schließlich verboten sie mir sogar das Schreien und sagten, dass sie ein Stück meiner Nase abschneiden würden, sollte ich noch einen Laut von mir geben. Wonach sie mir zu Demonstrationszwecken mit einem großen Hiebmesser, dessen Klinge sich als stumpf herausstellte, auf den Nasenrücken schlugen. Zu diesem Zeitpunkt hatten sie mir einen der Drähte schon am linken Ohr angelegt und

---

[16]   Fluss durch Donezk (A.d.Ü.)

ich musste unter der Einwirkung kontrahierender Gesichtsmuskeln antworten. Es versteht sich, dass die Aussprache ungenau wurde, weswegen einer von ihnen es mit immer höherer Stromstärke versuchte. Einen der Stromschläge erhielt ich auch für meinen früheren literarischen Roman, in dem ich meine Reise zur französischen Fremdenlegion beschrieben hatte. Diese Leute waren überzeugt, dass ich schon damals von Geheimdiensten angeworben gewesen und überhaupt nur dorthin gefahren sei, weil ich "Menschen hätte töten wollen". Ich muss sagen, dass mir bis zu diesem Moment schon das ganze Verhör gleichgültig geworden war, da ich buchstäblich vom Stuhl hing und nur manchmal zu Bewusstsein kam – durch eine neue Ladung Elektrizität.

Das finale Stadium der Folter war die Drohung, dass sie mich in eine Zelle bringen, in der ich in der Nacht *erniedrigt* werden würde, genauer gesagt: vergewaltigt. Und wenn ich in einer Einzelzelle sitzen wolle, müsse ich schnellstmöglich alles unterschreiben. Wie sich später herausstellen würde, war diese Drohung keine leere; denn in der *Isolation* griffen sie oft zu sexueller Gewalt, auch gegenüber Männern. Sie hatten ihre Leute unter den Gefangenen, die diese "Arbeit" durchführten, wonach sie in Gefängnissen in abgesonderten Zellen versteckt wurden, damit die anderen Gefangenen sie nicht in Stücke rissen.

Schließlich, schon mitten in der Nacht, geriet ich wirklich in eine Einzelzelle im Keller, wo ich auch die anderthalb Monate verbrachte, bevor sie uns an den Ort brachten, an dem ich darum bat, wieder in den Keller zu kommen.

Kapitel 10: Ich bin gebrochen

Ich hatte bereits erwähnt, dass die Aufgabe derer, die foltern, nicht so sehr im Zufügen physischer Leiden besteht, sondern vielmehr darin, Sie als Persönlichkeit zu brechen, vorrangig Ihren Willen. Natürlich nur, wenn die Rede nicht von offenem Sadismus ist, also Folter der Folter willen, was sowohl in der *Isolation* als auch allgemein im "Ministerium für Staatssicherheit" praktiziert wurde. Allerdings kann ich wohl für die ganze Zeit meiner Gefangenschaft nur eine Episode nennen, während der ich tatsächlich zu allem bereit war – nach einem zehnsekündigen Bild, das mich innerlich zerbrach.

Noch während ich mich in Einzelhaft im Keller befand, vor der *Isolation*, brachten sie mich für sogenannte "Ermittlungshandlungen" aus der Stadt hinaus. Das Schicksal wollte es, dass wir an meinem Heimatbezirk vorbeifuhren und sie mir den Sack vom Kopf abgenommen hatten, sobald wir Donezk verlassen hatten.

Es muss gesagt werden, dass ich Makijiwka mein ganzes Leben hasste – eine Stadt verschlafener Sowjetmenschen. Sie hatte für mich immer etwas von Kings "Langoliers": Ein Ort ohne Geschmack und Geruch, mit stehengebliebener Zeit, ohne Perspektiven. Und nun bringen sie mich in Handschellen an meinem Heimatbezirk vorbei und ich sehe die Häuser, hinter denen auch mein Haus steht. Zu diesem Zeitpunkt befand ich mich schon über einen Monat im Keller und wusste, dass Mutter sogar hierher gekommen war, ins "Ministerium für Staatssicherheit". Natürlich hatten sie ihr gesagt, dass sie nichts über ihren Sohn wüssten. Ich sehe aus dem Fenster des Gefangenentransporters und stelle mir vor, wie meine Mama jetzt allein mit dem Telefon in der Hand irgendwo im Zimmer sitzt und ein weiteres Leichenschauhaus anruft. Oder vielleicht einfach weint, weint wegen der Ungewissheit; denn sie kann nicht einmal in Erfahrung bringen, ob ihr Sohn noch am Leben ist.

Ich blicke auf die Straße und verstehe, dass ich all das nie mehr sehen werde: Kurven, Bäume, jeden Meter, auf dem ich fast jeden Stein kenne. Genau hier hatte ich, ein romantischer Junge, einst von

Frankreich und der Legion geträumt, jahrelang das Rennen über diese Löcher im Asphalt trainiert, die ich sogar im Schlaf aufzählen kann. Genau dieses Feld war für mich der kleine Tempel, wohin ich an den Abenden aus der staubigen Stadt eilte und davon träumte, eines Tages einen brillanten Roman zu schreiben. Genau hier, an dieser Haltestelle, hatte ich einst mit Freunden gesessen, und wir ahnten nicht, dass zehn Jahre später ebendort Panzer fahren und sie mich hier vorbei in einen Keller bringen würden.

Ich betrachtete das alles und verstand, dass mich nur drei, vier Minuten von Mutter trennten, die ich jetzt einfach umarmen könnte. Aber ich würde zurückgebracht werden, in die Keller – das ganze Bild flackerte für Sekunden auf, wie ein Traum. Ich fühlte wieder das kalte Einschneiden des Metalls, die Handschellen, hörte wieder ihr Gelächter, sah das Grinsen. Während Mutter sich von mir auf Jahre entfernte. Diese zehn Sekunden haben mich gebrochen, weder Keller noch Folter hatten so tief getroffen. Diese Menschen, die mich so hartnäckig erniedrigten und meine Persönlichkeit in Teile zu zerlegen versuchten, wussten selbst nicht, dass sie gerade alles von mir hätten bekommen können – jedes Geständnis und jedes Dokument. Ich hätte alles unterschrieben, hätten sie mich als Gegenleistung nur erschossen. Wehmut füllte mich vollkommen aus.

Kapitel 11: Sex in der *Isolation*

"Wasch dich." Gewöhnlich bedeuteten genau diese Worte, dass jemand aus der benachbarten Frauenzelle heute in den ersten Stock gebracht werden wird. Und der erste Stock bedeutete für Frauen Vergewaltigung. Genau dort befand sich das Zimmer des Leiters der *Isolation* und genau dorthin wurden die Frauen gebracht, denen er befahl, sich sorgfältig zu waschen, bevor sie nach oben kommen mussten.

Generell nimmt das Thema Sex an Orten des Freiheitsentzuges einen besonderen Stellenwert ein, da sich der Sexualtrieb nach dem ersten Schock mit der Zeit meldet. Aber auch das wird durch die sogenannten *Ponjatija* reguliert, nach denen ein Gefangener einen anderen nicht zu sexuellen Gefälligkeiten zwingen darf, so dieser nicht einverstanden ist. Dabei erstreckt sich diese Regel auf alle Kasten der kriminellen Welt, auch wenn jemand in ihrer Hierarchie oben steht. Ein Mensch, der einen anderen Verurteilten – und sei es auch ein *Erniedrigter* – mit Gewalt zum Sex zwingt, also vergewaltigt, kann selbst in eine der unteren Kasten versetzt werden. In der kriminellen Welt gilt schon lange die Verfügung der *Diebe im Gesetz*, "nicht mit dem Glied zu bestrafen", was bedeutet, dass die Überführung in die unterste Kaste der *Erniedrigten* selbst bei einer großen Verfehlung ohne Vergewaltigung erfolgen muss.

In klassischen Straflagern oder Gefängnissen kommt es übrigens selten dazu. Das System ist hier so aufgebaut, dass Sie für ein Päckchen Zigaretten (die Preisklassen sind natürlich unterschiedlich) fast jede Dienstleistung von denjenigen bekommen können, die damit hier Geld machen und schon nicht mehr fürchten, in der Hierarchie nach unten rutschen zu können. Die, die früher in den strengsten Lagern gesessen hatten und mit denen ich mich in einer Zelle der *Isolation* wiederfand, erzählten recht häufig davon, wie Menschen mit zwanzigjährigen Haftstrafen derartige Fragen lösten.

Interessant ist, dass es in der Gefängniskultur nicht als beschämend gesehen wird, wenn Sie bei einem Geschlechtsakt mit einem

Mann in Gefangenschaft der aktive Part sind. Sogar der Geschlechtsakt selbst gilt in diesem Fall nicht als homosexuell – genauer gesagt ist er es nur für die eine, die passive Seite. Deswegen
war es ziemlich seltsam, die Überlegungen dieser Menschen in der
Isolation zu hören, wenn das Gespräch auf die Politik in Europa
kam, an der sie Schwulenparaden und gleichgeschlechtliche Ehen
fürchteten wie der Teufel das Weihwasser, während sie bestritten,
dass ihre Verbindung mit Männern im Lager etwas Ähnliches sei.
Natürlich unterscheidet sich die Subkultur der Lager von einer
weltlichen Sicht auf Sex. Laut den Berichten dieser Menschen sei
unter den kriminellen Anführern einmal die Frage geklärt worden,
was man von den Gefangenen halten sollte, die auch in Freiheit
weiter eine geschlechtliche Beziehung mit Männern führten und
sich nach einem langen Aufenthalt im Lager nicht zu Frauen hinge-
zogen fühlten.

Aber was in der *Isolation* vor sich ging, entsetzte sogar Menschen mit zwanzigjähriger Lagererfahrung. Der Leiter des Konzentrationslagers war von Sex besessen – natürlich mit allen ihm
eigenen Perversionen, was für Dutzende Menschen zu zerbrochenen Schicksalen führte. Diese Besessenheit kam sowohl in seiner
Sprache, die zum Großteil aus Flüchen und sexuellen Anspielun-
gen bestand, als auch in seinem Verhalten zum Ausdruck. So
konnte er seelenruhig die Tür zum Duschraum öffnen, während
sich dort zwei Gefangene wuschen, und durch die ganze *Isolation*
rufen, dass sie Schwule seien, die sich gerade gegenseitig befriedig-
ten. Selbstverständlich geschah das alles in Gossensprache, mit ent-
sprechender Betonung und, wie ihm schien, mit Humor. Den
Frauen erging es ebenso, nur wurde das Öffnen der Tür von dem
Vorschlag begleitet, beim Waschen zwischen den Beinen behilflich
zu sein, oder einer Aufforderung zum Oralsex, was wiederum auf
dem ganzen Korridor zu hören war.

In der *Isolation* selbst war ein System geschaffen worden, das
entfernt an *Ponjatija* erinnerte, wobei die Präsenz sogenannter

Hähne oder *Erniedrigter*[17] zwingend war. Die Überführung in diese Kaste fand allerdings ausschließlich nach dem Ermessen Palytchs statt und traditionsgemäß durch den Penis einer Person, die sie schon dieser Prozedur unterworfen hatten und die er zwang, mit dem Glied über die Lippen oder Stirn des nächsten Opfers zu streichen. Das, was in einem gewöhnlichen Gefängnis sogar für die Administration undenkbar war, wurde in der *Isolation* zur Norm, die mit der Zeit auch noch einen ironischen Anstrich bekam. Zwei Menschen zwang der "Herr Leiter" einmal, sich vor den anderen Gefangenen zu küssen, wobei er sich fröhlich darüber ausließ, was sie im Lager erwarten würde.

Dennoch waren Männer weitaus weniger als Frauen von der sexuellen Perversion der Administration betroffen. Unter den Frauen gab es keine Spielereien mit *Erniedrigten*. Palytch suchte sich ein neues Opfer für die Nacht aus, indem er seinen Untergebenen Anweisung gab, sie vor dem Zapfenstreich "vorzubereiten". Oft war es schwer, bloße Drohungen, mit denen er eine neu angekommene Frau einzuschüchtern versuchte, von tatsächlichen Schritten über die Stufen ins Schlafzimmer im ersten Stock zu unterscheiden. Ich führe ein anschauliches Beispiel an.

Der Nachteil einer Unterbringung in der vierten oder zweiten Zelle der *Isolation* bestand darin, dass dazwischen die dritte, die Frauenzelle, lag und durch die leicht geöffnete *Futterluke* konnte man immer die Aufseher sehen und hören, die den Frauen ein besonderes Interesse entgegenbrachten. Zum Großteil betraf das wieder Palytch, den Chef der *Isolation*, der ohne übermäßiges Schamgefühl – selbst wenn unsere *Futterluke* komplett offen war – die Frauen mit ausgewählten Schimpfworten überschüttete, die sich auf ihre Genitalien bezogen, was ihm ein besonderes Vergnügen bereitete. Trotz allem konnte er es sich unvermittelt erlauben, eine Frau zu siezen, was bei ihnen wahrscheinlich einen neuerlichen Schock hervorrief, der ihn ebenso erfreute. Eine derartige psychologische "Wippe" war zweifellos nicht zufällig und erzielte ihren

---

[17] "Hähne" und "Erniedrigte" sind beides Bezeichnungen für Angehörige der untersten Kaste in der Gefängnishierarchie. (A.d.Ü.)

Effekt, den man an der weiblichen Reaktion merken konnte: Erst Tränen, dann eine Sprachmelodie, die sich fast schon an einen Vater richtete. Es kann natürlich sein, dass die Frauen auch "spielten" und sich einfach an die Umstände anpassten, um zu überleben und nachts nicht zusammengeschlagen zu werden. Mir kommt es dennoch anders vor, was eine Episode untermauert.

Nachts wurde wieder einmal eine neue Gefangene gebracht. Wir in der vierten Zelle hörten deutlich ihr Stöhnen (wahrscheinlich schon nach den nächtlichen "Prozeduren"), während sie sie über den Korridor in die sechste Zelle brachten – eine weitere Frauenzelle. Geführt wurde sie von Palytch, der sie mit allen möglichen Flüchen überschüttete und versicherte, dass sie morgen ... vergewaltigt werden würde, um es hochsprachlich zu sagen. Man kann sich schwer vorstellen, was eine gewöhnliche Frau empfindet, deren Leben sich gestern noch um die Preise in Supermärkten und Kleidung für das Kind drehte und die heute Folter und die direkte Drohung, morgen vergewaltigt zu werden, erlebt. Am Morgen während der Essensausgabe hörte ich allerdings ebenso deutlich, wie Palytch persönlich zur sechsten Zelle kam und recht ruhig fragte: "Wie kann ich dir helfen?" Aus den Gesprächsfetzen verstand ich, dass nachts bei der Neuangekommenen eine Entzündung eingesetzt hatte – vermutlich eine Frauensache, vielleicht eine Folge der Folter. Denn Palytch sagte, dass es in der *Isolation* keinen Gynäkologen gebe. Er log nicht – hier gab es überhaupt keine Ärzte mit Ausnahme des Sadisten, der die Aufnahmeuntersuchungen durchführte und am Vorabend immer an der Folter derer, die er später untersuchte, teilnahm. Er kümmerte sich sozusagen um seinen eigenen Friedhof. Aber der Ton des Leiters der *Isolation* änderte sich plötzlich radikal und – was unglaublich war – diese Frau "warf sich an ihn heran". Im Endergebnis erwies sich dieser Psychopath und Sadist als der Einzige, der ihr Aufmerksamkeit widmete, obwohl er ihr noch in der Nacht versprochen hatte, "sie den Jungs zu übergeben".

Genau so wurde die Zuneigung von Frauen erkauft, bei denen filigran ein Stockholm-Syndrom geformt wurde. Und in einer miserablen Lage waren die Frauen, die gemeinsam mit ihren Männern oder Freunden in die *Isolation* gerieten. In diesem Fall erpresste Palytch ihren Geliebten offen mit ihrer Sicherheit und brachte ihn oft Wand an Wand neben der Frauenzelle unter, damit sie beide den Verstand verloren. All das brachte das Ergebnis, das er brauchte.

Nachdem aber der Chef der *Isolation* abgesetzt und selbst in den Keller gesperrt worden war, veränderte sich die Situation in die gegenteilige Richtung. Zufällig oder gesetzmäßig, die weibliche Besetzung der *Isolation* wurde stetig jünger und die Frauen wurden immer mehr. Drei Frauenzellen waren voll besetzt, zudem wurden einige Frauen der Reihe nach im Keller festgehalten (was hauptsächlich die Neuangekommenen betraf, deren "Prozeduren" noch andauerten). Zu diesem Zeitpunkt hatte die Administration die "weibliche Belegung" einfach unter sich aufgeteilt. Und wenn man früher im Zimmer neben dem Monitorraum Schreie und die Phrase "Jetzt schauen wir mal, wie du dich auf dem Glied machst" hören konnte, hatten sie jetzt selbst nichts dagegen, den örtlichen Herren intime Dienste zu erweisen.

Es ist schwer, diese Frauen zu verurteilen. Und nicht nur, weil sich schwerlich einer von uns für die Rolle des Richters eignen dürfte. Die *Isolation* ließ alle Grenzen verschwinden, und als es an Sonntagen sogar Saunen gab, in die die diensthabende Schicht ihre Favoritinnen aus den Zellen brachte, war das nur ein weiterer Tropfen in das Gefäß des Absurden, in das sich dieses Gefängnis verwandelt hatte. Berücksichtigt man das Alter dieser Frauen und ihr tatsächlich attraktives Äußeres, dann erwarteten sie wahrscheinlich auf der anderen Seite der Waagschale eine Vergewaltigung, wenn sie dem nicht durch freiwilliges Einverständnis zuvorgekommen wären. Vielleicht. In diesem Sinne rettete das Alter viele: Je älter eine Frau war, desto größer waren ihre Chancen, nur zusammengeschlagen zu werden. Aber ich urteile nicht nur danach.

Ich erinnere mich an die Erzählung meines Zellengenossen. Auf dem Korridor – während er in unsere Zelle gebracht wurde – traf er eine dieser jungen Frauen, die im Pyjama, mit Zahnbürste und Zahnpasta, aus dem ersten Stock herunter kam. Als sie ihn in Wachbegleitung sah, verschwand sie sofort um die Ecke. Und er erzählte mir davon, kaum dass er die Schwelle zu unserer Zelle überschritten hatte. Ich erinnere mich gut, dass diese Geschichte bei mir in diesem Moment weder Wut noch Verurteilung hervorrief. Ich wollte einfach schreien, aber nicht einmal das konnte ich. Ich konnte es nicht, weil es kein Bedürfnis nach einem physischen Ton war, sondern die Notwendigkeit, wenigstens etwas deswegen zu fühlen. Denn dieser Ort – dieser Traum eines Wahnsinnigen – hatte mich schon vollkommen erschlagen. Die ganzen zwei Jahre hier schlugen sie, vergewaltigten sie und folterten sie Menschen, veranstalteten Wetten, Kämpfe unter Gefangenen, zwangen sie zum Bellen, erniedrigten sie und legten Stromdrähte an. Und jetzt auch noch ein Bordell. In diesem Moment fühlte ich mich, als ob ich an einer Weggabelung stünde, es aber nicht zwei oder drei Wege gebe – sondern eine Milliarde. So war das Gefühl an diesem Morgen, denn ich wusste, dass einige dieser Frauen schon Familien hatten.

Es gab übrigens auch die, die mir sagten, dass sie solche Menschen in gewisser Weise mehr hassten als die Administration. "Verstehst du etwa nicht", sagte mir einmal einer meiner Zellengenossen, "dass sie, wenn sie selbst zu ihnen ins Bett hüpfen, die ganzen Leiden negieren, durch die hier Menschen gegangen sind? Alle zerbrochenen Schicksale. Sie machen aus all dem ein Spektakel, eine Serie: 'Morgen fahre ich mit den Jungs in die Sauna, am Donnerstag schlafe ich im ersten Stock und am Mittwoch nehmen sie mich in der Küche – so sitze ich auch irgendwie meine Zeit ab.' Das ist Schwachsinn, Stas. Das ist einfach Schwachsinn und kein Ort. Deswegen sage ich immer, dass ich bereit bin, mein Leben zu geben, wenn nur auch ihnen das Leben genommen wird. Mögen sie uns dem Erdboden gleich machen, aber dieser Ort darf nicht existieren."

Es muss gesagt werden, dass in der *Isolation* eine Frau zu sein nicht dasselbe ist, wie hier ein Mann zu sein. Dass sollte bei Ihnen kein nahe liegendes Lächeln hervorrufen. Stellen Sie sich drei Monate Leben in der sechsten Zelle vor, in der es keine Toilette gibt, und Sie gehen die ganze Zeit auf einen Mülleimer unter Beobachtung rund um die Uhr. Von Kellern und Karzern nicht zu reden, die Frauen wesentlich schwerer ertragen als Männer. Alles, was Sex angeht, begann immer mit "Soft Power", wenn eine Frau, die die Andeutungen nicht verstanden hatte, in so eine "Sechser" gebracht

wurde, in der sie – außer einem Eimer – stundenlanges Stehen am
Fenster erwarten konnten. Die Frau wurde mit dem Rücken zur Tür
gedreht und gezwungen, stundenlang mit einer stickigen Plastiktüte über dem Kopf dazustehen, angeblich für irgendeinen Verstoß
gegen die Regeln. Dabei ließen sie sie wissen, dass es in der "gehor-
samen" Zelle einen Fernseher, eine Toilette und sogar eine Klimaanlage gebe. Außerdem bewegten sich "gehorsame" Frauen fast
den ganzen Tag frei über das Territorium, hatten Zutritt zur Küche
und zu gutem Essen. Sie wurden in Mannschaftstransportern über
das Gelände der Fertigungszone gefahren und wuschen die Fahrzeuge sogleich in der frischen Luft. Ja, und überhaupt, sie machten
weder sich noch anderen das Leben schwer. Zu diesem Zeitpunkt
– als sich die *Isolation* buchstäblich in ein Bordell verwandelt hatte
– wurde ich von hier ins Donezker Untersuchungsgefängnis verlegt, was eines der freudigsten Ereignisse der letzten zwei Jahre
war.

Was die allgemeine Frage nach Sexualität betrifft, so lösten sie
die Gefangenen in den meisten Fällen mittels Selbstbefriedigung.
Es ist schwer, sich einen Mann ohne Pathologie vorzustellen, der
selbst an einem Ort wie der *Isolation* zwei, drei Jahre ohne Sex verbringen könnte. Im Gegenteil, es sei angemerkt, dass häufig der
Schock, den ein Gefangener hier empfand, sich auch in Form eines
gesteigerten Sexualtriebs äußern konnte, dessen Mechanik zu beschreiben hier überflüssig ist.

Kapitel 12: Flucht

Es wird sich kaum ein Gefangener finden lassen, der nicht über Flucht nachgedacht hätte. Ich dachte daran sogar im Keller des *Kontors*, wo es überhaupt keine Chance gegeben hätte. Nicht vorstellen konnte ich mir allerdings, dass ich mich eines Tages an einer fremden Flucht beteiligen müsste und selbst im Gefängnis bliebe. Die Rede ist von jemandem aus Russland, den ich noch vor der *Isolation* kennengelernt hatte: Er saß bereits acht Monate im Keller des *Kontors*, jenseits der Wand der Zelle, in die sie mich geworfen hatten.

Genau dieser Mensch, Denis, der als Kader bei einer militärischen Einheit des GRU[18] der RF gedient hatte, zog in den Donbass, um die "russische Welt" zu verteidigen. Und genau diesen Menschen werden die eigenen Kameraden grausam foltern und der FSB wird ihn in diesen Keller stecken – ihn ohne Anklage, Strafverfahren oder Verhöre einfach vergessen. Ich werde den Leser nicht mit einer langen Detektivgeschichte ermüden, die beschreibt, wie es dazu kam. Wichtig ist lediglich, dass er ein Jahr später in der *Isolation* zu mir sagte: "Ich werde fliehen." In dieser Minute hatte die Flucht für mich begonnen.

Nachdem er mir davon erzählt hatte, hatte ich keine Chance mehr auszuweichen oder zu sagen: "Ich bin nicht auf deiner Seite." Natürlich konnte ich nicht mit ihm gemeinsam fliehen, da ich der Einzige in der ganzen *Isolation* war, der prinzipiell zu keinerlei Arbeiten aus der Zelle geführt wurde. Aus der Zelle selbst zu fliehen, war unmöglich. Allerdings konnte ich nicht nicht teilnehmen. Wenn sie ihn fangen und sein Plan scheitern würde, wäre es nur eine Frage der Zeit, bis er erzählte, dass ich über alles Bescheid wusste. In diesen Kellern schweigt niemand. Menschen nehmen sogar das auf sich, was sie sich eine Stunde zuvor selbst schwer hätten vorstellen können. Ich kannte einen Menschen, der unter Folter falsch gegen jemanden aussagen musste, den er nicht einmal

---

[18] Hauptverwaltung für Aufklärung, Militärnachrichtendienst der RF, heutige Abkürzung GU (A.d.Ü.)

kannte. Würde ein flüchtiger Russländer gefasst werden, den der
FSB wegen der Informationen, die er hatte, hier schon das zweite
Jahr versteckte, würden sie ihn einfach auf links drehen. Es war also
in meinem Interesse, dass ihm der Fluchtversuch glückte. Außerdem hatte er vor, zu uns zu fliehen und nicht nach Russland; und
kurz zuvor hatte er mir praktisch alles über seinen Fall erzählt und
über die Russländer, für die er die ganzen Kriegsjahre gearbeitet
hatte.

Die Tatsache seiner bevorstehenden Flucht war für mich jedoch recht schwer zu akzeptieren. Man muss verstehen, dass ein
Gefangener der *Isolation* auch so unter ständigem Stress steht –
durch die Erwartung von Gewalt, zudem die Ungewissheit über
das eigene Schicksal und die Gedanken an Nahestehende. Psychologisch erschöpft der Gedanke an Flucht zusätzlich – und das war
nicht nur mir anzumerken. Denis, normalerweise gesprächig und
fröhlich, verschloss sich immer mehr, und ich machte mir Sorgen,
dass das jemand anderem ins Auge fallen könnte. Sie müssen nicht
nur die Details des Plans an sich durchdenken, sondern auch die
Situation, in der all das scheitern könnte. So oder so kommt der Gedanke an ein solches Ende. Ich versuchte mir vorzustellen, was ich
antworten würde, wenn sie mich zu verhören begännen, welche
Fragen vorrangig kämen. In Summe mit der allgemeinen Atmosphäre der *Isolation* wurde das Thema Flucht psychologisch zu einem kritischen – und ich träumte davon, dass es so bald wie möglich geschähe.

Als ich verstand, dass ich mich dem Satz "Ich werde fliehen"
schon nicht mehr entziehen konnte, und es zu spät war, sich die
Ohren zuzuhalten, sprach ich den nächsten Tag mit dem Russländer nur noch in Flüchen, weil ich nicht glauben konnte, dass er mich
so in die Bredouille gebracht hatte. Er wusste doch genau, dass ich
bleiben musste. Ebenso wie er wusste, dass ich ihn nicht verraten
konnte. Er hatte mir keine Wahl gelassen und wollte, dass ich seinen Plan mit "frischem Blick" bewerte und ihn auf unserer Seite mit
jemandem in Kontakt bringe, der ihm garantieren könnte, dass er
vor unserem Geheimdienst sicher ist.

Ich hörte ihn natürlich an und es stellte sich heraus, dass er eigentlich gar keinen Plan hatte. Abgesehen davon, dass der FSB seinen Pass weggenommen und nach Russland gebracht hatte und er überhaupt kein Geld hatte, hatte er keine Antworten auf einfache Fragen: "Was tun, wenn die Leute, zu denen du fliehen willst, gestorben oder umgezogen sind oder vor Angst die Polizei anrufen?" "Wo sich aufhalten, bis du bei ihnen ankommst?" "Wo Kleidung hernehmen, damit es keine Geruchsspur gibt, falls sie einen Hund loslassen?" Und schließlich: Wie mich selbst davon überzeugen, dass ich nichts von der Flucht gewusst hatte, falls sie mich an einen Lügendetektor anschlössen? Die letzte Frage machte mir die größten Sorgen. Ich wusste, dass sie nach einer Flucht unsere ganze Zelle detailliert verhören würden. Und auf mich würden die übrigen Zellengenossen mit dem Finger zeigen, wenn sie gefragt würden, mit wem sich der Geflohene am meisten unterhalten hätte. Wenn sich herausstellte, dass ich von der Flucht gewusst habe … Hier gab es eine Vielzahl an Möglichkeiten, aber alle führten zu Elektrizität und Drähten.

Das Erste, womit wir begannen, war Geld. Es ist erstaunlich, aber es stellte sich heraus, dass dieses Problem am einfachsten zu lösen war. Im Laufe der Jahre waren in der Zelle zwischen den Pritschenbrettern russländische Rubelmünzen liegen geblieben – dort ein Rubel, hier zwei, da fünf. Insgesamt sammelten wir um die sechzig Rubel zusammen – eine Summe, die ausreichen würde, um von Donezk in jede umliegende Stadt zu gelangen. Danach ließ ich ihn die Namen von drei Leute auswendig lernen, an die er sich der Reihe nach wenden und genau das sagen sollte, was ich ihm jetzt mitteilte. Das waren Zivilisten, die in der Freiheit auf mich warteten. Ich kannte sie schon viele Jahre. Mit jedem von ihnen hatte ich eine Vergangenheit, Situationen, von denen nur ich und sie wussten. Genau von diesen Momenten erzählte ich dem Russländer, damit sie seine Geschichte glaubten, wenn er doch eines Tages unser Gefängnis verlassen könnte.

Die Frage nach der Kleidung wurde vollkommen ignoriert. Denis glaubte nicht, dass man ihm einen Hund hinterherschicken würde. Aber genau das geschah. Kaum war klar geworden, dass er geflohen war, als schon die diensthabende Schicht in unsere Zelle stürzte und alle seine Sachen mitnahm, die sie einem Hund zu riechen gaben. Die Spur führte zu einer Militärschule, wo er mit dem in der Zelle gesammelten Geld in einen der Busse gestiegen war.

Er hörte auch nicht auf mich, als ich ihn bat, hier eine Schlägerei anzuzetteln, damit er aus unserer Zelle verlegt werden würde: "Zieh von hier weg und flieh in Ruhe in ein paar Wochen, um den Verdacht von mir abzulenken." Aber das schien ihm zu schwierig, zu gespielt, zudem befürchtete er – zu Recht –, dass er für eine Schlägerei in den Karzer und nicht in die Nachbarzelle kommen und wertvolle Tage verlieren würde.

Das Einzige, was er vorausberechnet hatte, war der eigentliche Plan der Flucht vom Industriegebiet, wohin die Gefangenen zum Arbeiten geführt wurden. Laut seinen Worten hatte er entschieden, dass er fliehen würde, als er gemeinsam mit mir aus dem Keller in die *Isolation* kam. Genau deswegen hatte er das ganze Jahr einen hingebungsvollen Patrioten Russlands gemimt – um rauszukommen zum Arbeiten und das Vertrauen der Verwaltung zu erlangen. Alles, was er die letzten Monate getan hatte, war, die Schritte und Sekunden von unterschiedlichen Objekten der Fertigungszone zu einem freien Ausgang zu Privathäusern zu zählen, den sie sogar in der *Isolation* nicht bewachten. Es gibt eine offizielle Einfahrt, während das riesige Gelände der ehemaligen Fabrik zum Teil von einem Zaun umgeben ist, zum Teil einfach zu Häusern führte. Der Ruf der *Isolation* war so übel, dass es niemandem in den Sinn gekommen wäre, selbst auf das Gelände des Industriebereichs zu gehen, weswegen die Verwaltung sich keine Sorgen über diesen offenen Eingang machte.

Schließlich stellte sich während der Vorbereitung zur Flucht ein "Detail" heraus, dass mich völlig außer mich brachte. An einem der Tage erörterten wir die Frage, in welcher Schicht es am besten gelingen könnte. In der Verwaltung gab es verschiedene Leute, die sich härter verhielten und noch aus Vorkriegszeiten Erfahrung in Militär und Geheimdienst hatten. Es gab aber auch die, die zufällig an eine solche "Arbeit" geraten und durch eine Laune des Schicksals die Karriere vom Bauarbeiter zum Aufseher gemacht hatten. Natürlich galt der Vorzug der Variante mit denen, die nicht ständig auf der Hut waren. Und hier stellte sich heraus, dass Denis ... diese Schicht "nicht in die Bredouille bringen" wollte. Als ich das gehört hatte, verstand ich zuerst nicht einmal, wovon die Rede war. Wahrscheinlich war mir tief in der Seele bewusst, was er mir gleich sagen würde, aber ich weigerte mich dennoch zu glauben, dass das tatsächlich mit mir geschah.

Die "mildeste" Schicht unterschied sich durch eine Haltung, die vor dem Vergleich mit offenen Sadisten als menschlich wahrgenommen wurde – und mein Zellengenosse verfiel in ein klassisches Stockholm-Syndrom. Er begann, Mitgefühl mit diesen Leuten zu haben: Weil sie sich mit ihm dieses ganze Jahr über wie mit einem Bekannten unterhielten, und jetzt – wenn er fliehen würde – schien es ihm, dass er damit all das Gute verrate, was diese Leute für ihn getan hatten. Abgesehen davon, dass dieses "Gute" lediglich aus dem Fehlen von Schlägen und Schimpfwörtern bestand, und darin, dass sie ihn mit Namen ansprachen, was in der *Isolation* tatsächlich eine Seltenheit war, war es offensichtlich absurd, diesen Leuten zu danken. Und ich musste ihm das so einleuchtend wie möglich erklären und einen kognitiven Schock mit einem anderen übertrumpfen. Ich erinnere mich, dass ich ihm Folgendes sagte:

"Denis, du bist in mein Land gekommen, um die 'russische Welt' zu verteidigen. Dich hat niemand gezwungen, du bist selbst gekommen, weil du an etwas geglaubt hast. Und was hast du im Ergebnis bekommen? Dich haben deine eigenen Leute gefoltert. Dir eine Plastiktüte über den Kopf gezogen und dich mit Wasser übergossen, während sie dir gleichzeitig Stromschläge verpasst haben. Dann haben sie dich ohne Anklage in den Keller geworfen, wo sie dich – wie ein Vieh – acht Monate festgehalten haben. Und jetzt haben sie dich hier in der *Isolation* zu einem Sklaven gemacht, der jeden Tag im Industrieteil Metall schneidet, Reifen trägt und ihnen einen Truppenübungsplatz baut – für zwei Stück Brot und eine halbe Schale Brei. Du weißt das alles selbst. Und machst dir Sorgen um die, die das alles getan haben und heute Abend zu ihrer Frau zurückkehren, mit ihr Sex haben, nett essen, Fußball schauen, Bier

trinken – und dich morgen wieder auf den Truppenübungsplatz jagen? Kümmert es dich ernsthaft, dass sie wegen dir ein paar Papiere schreiben müssen? Wenn es schon so weit kommt: Du exis-
tierst hier nicht einmal – es gibt kein Strafverfahren gegen dich. Was
heißt, dass du formell nicht fliehen kannst. Wach auf!"

Er antwortete mir, dass ich ihm öfter so etwas erzählen solle.
Offensichtliche Dinge bedürfen tatsächlich einer offensichtlichen
Verbalisierung, damit wir sie verstehen können.

Schließlich öffnete sich am 7. August 2018 die Zellentür und
ein Zellengenosse trat ein, der an diesem Tag gemeinsam mit Denis
gearbeitet hatte. Auf meine übliche Frage "Was gibt es Neues?" antwortete er, dass Denis geflohen sei. Ich kannte den Tag nicht, für
den er die Flucht geplant hatte, deswegen brachte diese Nachricht
zugleich Erleichterung und Anspannung. Mir wurde leichter zumute, weil jetzt überhaupt nichts mehr von mir abhing: Alles war
in seinen Händen. Ich fühlte Unruhe, weil ich die zweite Bemerkung des Zellengenossen hörte: "Ich kann mir vorstellen, wie sie
mich jetzt foltern werden."

An diesem Tag wurden sie zu zweit zur Arbeit geführt. Außer
einer Militärbasis, Technik und dem Gefängnis selbst hatte die Verwaltung auf dem Gelände der *Isolation* eine große Farm errichtet.
Es ist schwer zu glauben, aber diese Leute, die jahrelang andere
Leute folterten, hielten hier gleichzeitig Hausgeflügel, Nutria,
Schweine und hatten ihren Gemüsegarten. All das wurde natürlich
durch die Hände der Gefangenen selbst versorgt, die sich manchmal abgelaufene Lebensmittel, die für das Mästen der Schweine
vorbereitet worden waren, mit in die Zelle nehmen durften. Oft
war das die bessere Variante als das Essen, dass wir offiziell bekamen, sodass mir einmal das *Zellenoberhaupt* – ein örtlicher Militär –
anbot, abends ein Schaschlik aus Hunden, die auf dem Industriege-
lände abgeschossen worden waren und die ständig die hiesigen
Hühner räuberten, mitzubringen. Aber Pralinen mit Würmern und
Hundefleisch sind dann doch unterschiedliche Sachen, weswegen
ich dieser Delikatesse eine Absage erteilte.

Wie auch immer, am Tag seiner Flucht bekam Denis – "als Pat-
riot Russlands" – eine der einfachsten Arbeiten: den Gemüsegarten

zu gießen. Sein Aufseher, ebenfalls Russländer, vertraute ihm so sehr – zudem wissend, dass er weder Geld noch Ausweispapiere hatte –, dass er sich zum Dösen unter die Bäume aufmachte und Denis mit seinem Gießschlauch allein ließ, den dieser sofort hinwarf und zu den Häusern lief. Interessant ist, dass er unter dem Strich einen größeren Zeitvorsprung hatte, als wir kalkuliert hatten. Denn die Suche begannen sie eine Viertelstunde später und noch einmal so lange verwandten sie auf ein gemächliches Ablaufen des Territoriums, weil sie dachten, er wäre auf Toilette gegangen. Erst nach einer halben Stunde wurde klar, dass der Gefangene geflohen war – und erst danach wurde Alarm geschlagen.

Der zweite Zellengenosse arbeitete in einem der Industriecontainer und wusste wirklich nichts von der Flucht. Und erst in diesem Moment verstand ich die ganze Schwierigkeit der Situation: Wenn sie begannen, ihn zu verhören und zu foltern – könnte ich allein es beenden. Dieser Mensch wusste wirklich nichts von der Flucht, dafür wusste ich Bescheid. Aber in diesem Fall machte ich einen Strich sowohl durch mein Leben als auch durch das Leben von Denis, und alles würde umsonst gewesen sein.

Gott sei Dank kam es nicht so weit: Die ganze Zelle wurde verhört – ohne Ausnahme oder besondere Schwerpunkte, sodass ich, als ich an die Reihe kam, das ganze Verhör beständig nur wiederholte: "Er ist Russländer, der in mein Land gekommen ist, um solche wie mich zu töten. Es gab nichts, worüber ich mit ihm großartig hätte reden können, und ich kenne seine Biografie nicht." Ich muss sagen, dass Denis schon im Keller des *Kontors* unter ausgedachten persönlichen Daten festgehalten wurde, mit denen er in die *Isolation* umzog. Und vor der Flucht erzählte er mir seine komplette Lebensgeschichte und nannte seine echten persönlichen Daten und auch den Grund, warum der FSB ihn als "Nikolaj Fedosov" festhielt. Aber in diesem Moment – dem Moment des Verhörs – versuchte ich, all das aus meinem Kopf zu vertreiben.

Letztlich legte sich die Aufregung mit der Zeit und man vergaß die Flucht gänzlich. Die Mehrzahl der Gefangenen glaubte nicht an die Fluchtgeschichte und war überzeugt, dass sie Denis umgebracht und irgendwo unter einer Abraumhalde vergraben

hatten, weil sie nicht wussten, was sie weiter mit ihm anfangen sollten. Es war sehr bequem, ein solches Geschehen mit einer möglichen Flucht zu erklären. Und wahrscheinlich wäre es mit der Zeit
auch so gekommen, was ich ihm im Moment seiner akuten Zweifel
im Hinblick auf die "gute Schicht" auch gesagt hatte. Denis verstand, dass sie ihn nicht mehr laufen lassen würden: Zwei Jahre einen Staatsbürger Russlands ohne Anklage im Keller festhalten
kann nur der, der davon überzeugt ist, dass sein Opfer dort nicht
herauskommt. Das setzte ihm mehr zu als die Furcht vor einem
möglichen Scheitern der Flucht. Wir hatten zusammen auch diese
Frage erörtert. Ein Mensch, dem eine Perspektive oder die Zukunft
entzogen ist, ist einer der gefährlichsten und unglücklichsten Menschen. Wir alle brauchen dieses kleine Licht, diesen Punkt, der sich
einmal über den ganzen Horizont verbreitern wird. Wir warteten
auf den Austausch, Denis schuf dieses Licht selbst.

Wieder in Freiheit erfuhr ich, dass er mit den Leuten Kontakt
aufgenommen hatte, von denen ich ihm erzählt hatte, aber sie hatten keine gemeinsame Sprache gefunden und er musste nicht in die
Ukraine, sondern zurück nach Russland fliehen, wo er sich weiterhin vor dem FSB versteckt.

Kapitel 13: Hungerstreik ist kein Ausweg

Es kam der Moment, an dem mein Hass diesem Ort gegenüber seinen Höhepunkt erreichte. Jeden Morgen öffnete ich die Augen und konnte nichts von dem ertragen, was mich umgab. Nicht weil ich mich schon über ein Jahr in Gefangenschaft befand, sondern weil ich mich genau hier in Gefangenschaft befand, in der *Isolation*. Ich hasste sie mit meinem ganzen Sein – den Ort, an dem man mich auf Befehl der Leitung viel sanfter behandelte als die Übrigen. Und doch stand ich auf der Kippe und war mir dessen bewusst.

Auf meine Bitten um Verlegung ins Gefängnis erfolgte keinerlei Reaktion und ich erhielt überhaupt nur einmal eine offizielle Absage. Den Grund für die Absage konnte man mit Tränen in den Augen lesen: Im Gefängnis – so hieß es in der Antwort – drohe meinem Leben Gefahr, was im Endergebnis den Ermittlungen schaden könne, sollte ich plötzlich sterben. Vorausgreifend sage ich, dass ich, als ich mich endlich doch im Donezker Untersuchungsgefängnis wiederfand – nur für achtzehn Tage, vor der Verlegung ins Lager –, alle meine Zellengenossen mit meinem Optimismus und Humor verblüffte. Sie verstanden nicht, warum ich jeden Tag buchstäblich "strahlte". In einer heruntergekommenen Zelle mit kahlen, mitgenommenen Wänden und Wanzen, mit einem zerborstenen Fenster, das uns nachts Zugluft bescherte, in absolut unhygienischen Verhältnissen und mit Straftätern mir gegenüber war ich in Euphorie. Einfach, weil ich es mir erlauben konnte, tagsüber Entspannung zu finden und ruhig einzuschlafen. Ich musste nicht bei jedem Rascheln an der Tür aufspringen und mich um eine nicht rechtzeitig über den Kopf gezogene Plastiktüte sorgen; und nachts lohnte sich nur die Furcht vor Wanzen. Wer aus der *Isolation* ins Gefängnis kam, fand hier Erholung. Ich war hierher fast dreißig Monate unterwegs und bis zu dem Moment, an dem ich auf die kalte Gefängnispritsche fiel, unendlich müde von allem geworden ...

Zwischenzeitlich wurde ich zu einem Besuchstermin mit meiner Mutter gebracht. Ich sah sie ungefähr alle drei Monate und entschied, dass das meine einzige Chance wäre. Ich brauchte ihre Unterstützung. Alles wäre sinnlos, wenn die Information über meinen Hungerstreik nicht meine Zelle verließe. Als ich meine Mutter sah, fragte ich den Ermittler erneut, ob es eine Antwort auf all die Papiere gäbe, die ich für meine Verlegung geschrieben hatte. Mit einem weiteren ironischen Grinsen erhielt ich die Antwort, dass ich nie aus der *Isolation* verlegt und dort bis zum Ende bleiben würde – wenn dieses Ende überhaupt irgendwann einmal käme. Genau in diesem Moment sagte ich, dass ich das Essen verweigern würde, bis ich einen UN-Vertreter zu Gesicht bekäme und in ein gewöhnliches Gefängnis verlegt würde. Meine Mutter bekam sofort einen hysterischen Anfall und das Grinsen des Ermittlers wurde durch Schreie und Flüche darüber ersetzt, dass ich meine Mutter nie wiedersehen würde. Er hielt Wort: Das nächste Treffen mit meiner Mutter fand anderthalb Jahre später statt, als ich mich endlich in einem offiziellen Gefängnis wiederfand. Ich flehte Mama an, mich zu unterstützen und die Nachricht von meinem Hungerstreik nach Kyjiw zu übermitteln. Aber in unseren letzten gemeinsamen Minuten riet mir meine Mutter ab und hörte unter Tränen die Schreie des Ermittlers darüber, dass er nicht wisse "welche Maßnahmen in diesem Zusammenhang in der *Isolation* ergriffen werden" würden.

Kaum war ich zurückgeführt und in die Zelle gebracht worden, als schon ein ganzes Konsilium aus Leuten in Sturmhauben eintrat. Die ganze Administration versammelte sich, ich wurde an den Tisch gesetzt. Alle anderen Gefangenen standen kerzengerade, zu sitzen wurde nur mir erlaubt. "Verstehst du, dass wir dich nicht sterben lassen? Wir brauchen nicht deine Leiche. Das Angenehmste, was dich erwartet, sind Nadeln: Wir werden dir überall Infusionen legen. Und wenn du ins Gefängnis kommst, gerätst du zu den Drogenabhängigen mit solchen Armen. Wenn nötig, werden wir dir mit einer Gießkanne Essen in den Mund schütten. Also, denk nach und mach dir das Leben nicht schwer."

Ich muss sagen, dass ein solches Gespräch eine Begünstigung dafür war, dass ich Journalist bin. Meine Bekanntheit hatte mir zum

wiederholten Mal die Gesundheit bewahrt, denn in jedem anderen
Fall hätten sie den Menschen schon lange runter in den Keller gesteckt, Drähte angelegt und daneben eine Schale mit Essen gestellt.
In der *Isolation* wurde niemand überredet. Jedoch gab es hier auch
keine Hungerstreiks, sodass meine Entscheidung, hinter diese Tür
zu blicken, eine Premiere war. Als die Administration gegangen
war, sagte mein Bekannter, ein Mediziner, dass ich auch so schon
mehr getan hätte, als ich konnte:

"Beginn mit dem Essen. Es hat schon keine Bedeutung mehr.
Du hast deiner Mutter vom Hungerstreik erzählt – entweder über-
mittelt sie das nach Kyjiw oder nicht. In beiden Fällen wird dein
realer Hungerstreik jetzt nichts ändern. Das Wichtigstes ist die Aufmerksamkeit, die du erregt hast. Jetzt bekommen sie Druck und du,
beginn mit dem Essen, wir bekommen auch so kaum Nahrung von
ihnen."

In seinen Worten lag gesunder Menschenverstand. Am Abend
schlug ein Zellengenosse vor, mir ein Stück Brot in den "toten Winkel" zu reichen, damit die Wache nicht sehen konnte, dass ich esse.
Aber ich schlug das aus. Denn ich konnte mich nicht zu hundert
Prozent auf meine Mutter verlassen. Höchstwahrscheinlich hatte
der Ermittler mit ihr ein Gespräch geführt und sie davon überzeugt,
"dem Sohn nicht zu schaden". Mit anderen Worten: zu schweigen.
In diesem Fall blieb mir nur das eine: mir die Venen aufzuschnei-
den. Aber nicht des Sterbens wegen, sondern um Aufmerksamkeit
zu erregen. Die *Isolation* war extrem in jeder Hinsicht, und nur Ext-
remes konnte hier Wirkung zeigen. Genau für den Fall eines solchen Ausganges war es für mich unabdingbar, dass die Wache
mich ernst nahm. In einer Zelle gibt es immer Informanten und
mein heimlich gegessenes Stück Brot hätte sich sofort in das zufrie-
dene Grinsen dessen, der den Monitor beobachtete, verwandelt.

Es muss gesagt werden, dass sich der Nahrungsmangel in der
Isolation sehr schnell bei mir bemerkbar machte. Während ein gesunder Organismus ohne Essen Wochen überleben kann, konnte
ich bereits am sechsten Tag schon nicht mehr auf den Hof hinausgehen. Außer schrecklicher Atemnot, Erbrechen der Galle, einem
an den Folgen zerbrochenen Zahn und einer schmerzenden Leber

wurden mir die Unterschenkel taub, sodass ich in der Zelle blieb, als alle zum Hofgang gingen. Mein Zellengenosse sagte mir, dass während eines Hungerstreiks oft ein sehr gefährlicher psychologischer Moment eintritt, an dem der Mensch sich davon nicht mehr lossagen kann, auch wenn offensichtlich ist, dass in einigen Tagen der Tod eintreten wird. Ein "Punkt ohne Wiederkehr" der eigenen Art, den ich – nach den Symptomen zu urteilen – schon erreicht haben könnte. Und wieder hatte er zu einem gewissen Grad Recht: Ich sah das Ende nicht. Tag um Tag verging, mein Zustand wurde immer schlechter, aber weder kam eine Verlegung noch wandte jemand Spritze und Gießkanne an.

Endlich, nach einem Frühstück, das ich ein weiteres Mal zurückgewiesen hatte, öffnete sich die Zellentür und der eintretende Aufseher sagte: "Ihr kennt alle die Situation mit Aseyev. Also, solange er nicht zu essen beginnt, isst die ganze Zelle nicht."

In diesem Moment hörte ich ein unzufriedenes Aufstöhnen – aus allen Ecken der Zelle, sogar von denen, die für dieselben Straftaten wie ich einsaßen. Und ich verstand diese Menschen. Mein Hungerstreik war nicht ihr Problem, wenn man fünf Löffel Brei in die Schale geschüttet und ein durchsichtiges Brot dazu bekommt. Diese Menschen wurden zur Arbeit gejagt, die Gefangenen brauchten auch ohne mich ständig Essen. Ich bat darum, mich in den Karzer zu verlegen, worauf ich die Antwort erhielt: "Bei uns sitzen überall Leute und alle brauchen Essen. Nachdem du nun einmal hier bist, wird diese Zelle nicht essen."

So begann ich, nach fünf Tagen zu essen. Ich werde nicht sagen, dass der Hungerstreik nutzlos war. Auf der Kyjiwer Seite erfuhren tatsächlich viele Leute davon. Aufmerksamkeit entstand – und ein Jahr nach meiner Gefangennahme waren diese Leute gezwungen, ein gestelltes Interview mit mir aufzuzeichnen, um den Druck zu senken und zu zeigen, dass ich am Leben bin. Aus der *Isolation* bin ich trotzdem nicht herausgekommen und es wird noch anderthalb Jahre dauern, bevor ich mich in einem offiziellen Gefängnis wiederfinde.

Kapitel 14: Warum es keinen Aufstand gab

Wahrscheinlich wird bei einem Menschen, der aus diesen Seiten zum ersten Mal von der *Isolation* erfährt, früher oder später die Frage auftauchen: Wenn hier alle ausnahmslos erniedrigt wurden, warum gab es dann keinen Aufstand oder wenigstens Versuche eines organisierten Widerstandes? Nun, ich werde versuchen, diese Frage zu beantworten.

Wie formiert sich ein Aufstand in postsowjetischen Lagern oder Gefängnissen? Das System ist recht einfach: Über Kassiber, also kleine Notizen, oder aber durch die *Oberhäupter* der Zellen oder Baracken persönlich wird die Anweisung einer Autorität des Lagers oder Gefängnisses weitergegeben. Dabei ist jeder Gefangene, der sich selbst zu den *Anständigen* zählt, zur Unterstützung verpflichtet. Es versteht sich von selbst, dass die Anständigkeit nicht durch moralische Prinzipien definiert ist, sondern durch die Einhaltung der Gesetze der kriminellen Welt, die eine solche Unterstützung diktieren – selbst in dem Fall, in dem der Grund unbekannt ist, aus dem der Beginn eines Aufstandes gefordert wird. Sie sind verpflichtet, es zu tun, fertig.

Oft kann der Grund die Verlegung einer kriminellen Autorität in den Karzer oder Straf-Isolator sein, so wie es in einem Lager im Donbass noch vor diesem Krieg geschah. Einer der bekanntesten *Diebe im Gesetz*, der auch jetzt eine Schlüsselrolle im System der ukrainischen kriminellen Welt spielt, kam in einen solchen Isolator. Der Aufstand eines ganzen Lagers half allerdings nicht dabei, ihn dort herauszuholen. Woraufhin einige Autos mit Vertretern der Kriminalität zum Eingangsbereich des Lagers fuhren und der Lageradministration erklärten, dass die diensthabende Schicht heute Abend nicht daheim ankommen würde, wenn der *Dieb* nicht wieder an seinen vorherigen Platz zurückkäme. Es muss gesagt werden, dass in solchen Fällen jeder Verbrecher weiß, dass die Administration sofort Spezialeinheiten rufen kann und all diese Menschen selbst zu Zelleninsassen werden. Ebenso weiß auch die Administration, dass die Spezialeinheiten die Situation nicht entscheiden. Denn die nächsten paar Fahrzeuge werden einige Kilometer weiter auf sie warten. Genau deswegen wird in Lagern mit einer großen Anzahl Gefangener eine Art Balance zwischen ihnen und der Administration beachtet. Jede Seite hat rote Linien, die zu überschreiten sie niemandem erlaubt.

In der *Isolation* griff eine solche Logik natürlich nicht. Eines der Hauptprobleme hier war das der Identität der Persönlichkeiten, die in dieses System geraten waren. Während in gewöhnlichen Gefängnissen die Identität eines Gefangenen auf dem Gegensatz zwischen ihm und der Administration gründet, wodurch im Ergebnis ein Lager von Verbrechern in der Lage ist, wie eine Einheit zu agieren und einen Aufstand anzuzetteln, wurde das binäre System "Eigener – Fremder" in der *Isolation* ständig verwischt, sowohl durch die Belegung der Zellen als auch durch Intrigen der Administration selbst.

Indes ist die Frage nach der Identität eine der Schlüsselfragen. In Abhängigkeit davon, für wen sich ein Mensch in Gefangenschaft hält, konstruiert er sein Verhaltensmodell und seine ethischen Einstellungen, die zu überschreiten er in kritischen Situationen entweder bereit oder nicht bereit ist. In dieser Hinsicht bestand die Besonderheit der *Isolation* darin, dass in einer Zelle Ärzte, LKW-Fahrer, Bergarbeiter, Geschäftsleute, frühere ukrainische Soldaten, Verbrecher aus Überzeugung, die ihr halbes Leben vor der *Isolation* in einem der strengsten Lager verbracht hatten, und natürlich auch Milizen der sogenannten "Republiken[19]" sein konnten.

Stellen Sie sich diesen Kessel vor, in dem eine derartige Zusammensetzung auf zehn bis fünfzehn Menschen verteilt ist, von denen sich jeder im Schockzustand befindet und bemüht ist, sein Leben wenigstens etwas leichter zu machen. In einer solchen Situation bildet sich die Mehrheit ihre Einstellung zu den Ereignissen nach dem Prinzip "Überleben ist das Wichtigste" und in diesem Fall verschmolz die Identität der Persönlichkeit häufig mit der Situation selbst, ohne zwischen ihr und sich zu trennen.

---

[19]   Die sog. "Volksrepubliken" im Donbass. (A.d.Ü.)

Viele Monate der Beobachtung erlauben die Erkenntnis, dass lediglich Menschen mit enormer Willenskraft der Depersonalisierung durch die Administration und dem völligen Verschmelzen mit ihr widerstehen konnten. Wobei dieser Wille bei Menschen absolut verschiedener Berufe und Lebenseinstellungen zum Vorschein kommen konnte.

So wurde etwa an einem der Abende ein Neuankömmling zu uns geführt und der Gefängnisleiter befahl sogleich einem der Gefangenen, ihn zusammenzuschlagen. Dieser Gefangene hatte tatsächlich beeindruckende Ausmaße, die ihm das Leben hier hätten erleichtern können – wenn er an der Leine der Administration gelaufen wäre. Er weigerte sich jedoch, das zu tun. Wonach er aus der Zelle und einer der früheren ukrainischen Soldaten hinein geführt wurde, der sofort den Befehl umsetzte. Wovon wurde der erste geleitet und was bestimmte die Wahl des zweiten? Den ersten Menschen kannte ich gut und kann sagen, dass Politik hier keine Rolle spielte. Ja, er hielt an pro-ukrainischen Ansichten fest, wofür er auch ins Gefängnis geriet. Allerdings bildete sich seine persönliche Wahl, keine Menschen anzurühren, aus der Intuition, dass dies das Richtige sein würde, selbst wenn es ihm schadete. Was aber die Identität der zweiten Person betrifft, so war ihre soziale Rolle offensichtlich vollkommen durch die Umstände aufgelöst. In der Tat hatte der Mensch an diesem Krieg aufseiten der Ukraine teilgenommen und die, deren Befehle er jetzt ausführte, als Feinde wahrgenommen. Und auf einmal hatte das alles keine Bedeutung mehr und sein Wille war vollständig der Angst untergeordnet – der Angst davor, dass er sich selbst an der Stelle derer wiederfinden kann, die er zusammenschlug.

Zudem fällt auch die Tatsache ins Auge, dass die Administration das durch die Hände anderer Gefangener erledigen lassen wollte, obwohl sie jede Möglichkeit hatte, diesen Menschen einfach in den Keller zu werfen und selbst zu quälen. Aber auf diese Weise "tastete" der Chef der *Isolation* die Persönlichkeit sozusagen "ab" und setzte zukünftig auf die, die unter der Einwirkung von Furcht oder gewöhnlichem Pragmatismus bereit waren, diese Linie zu überschreiten. Außerdem verschwand ein Mensch, der sich bereit erklärt hatte, andere Gefangene zu verprügeln, nirgendwohin. Er kehrte in die Zelle zurück, in der schon die saßen, die er einst zusammengeschlagen hatte. Abgesehen von politischen Meinungsverschiedenheiten, die ab und an vorkamen, wenn in einer Zelle Militärs von beiden Seiten waren, gab es hier auch gewöhnlichen Hass der Gefangenen untereinander, den die Administration gekonnt anheizte und Menschen mit gemeinsamen Ansichten gegeneinander aufbrachte.

Die Zusammensetzung der Zellen änderte sich ständig, was hier *keleshevat'* hieß. Im Verbrecherjargon bedeutet dieses Wort, etwas von einem Krug in einen anderen gießen. So wurden auch Menschen aus einem Kollektiv in ein anderes "gegossen". Sie konnten gerade erst in eine Zelle geraten sein und dort nur ein paar Tage verbracht haben, bis sich die Tür plötzlich öffnete, und Ihr Nachname und der Satz "Mit den Sachen zum Ausgang, schneller!" geschrien wurde. Diesen Prozess unternahm die Administration aus Prinzip. Erstens schaffte es der Mensch nicht, stabile Beziehungen zu den Zellengenossen aufzubauen, schaffte es nicht, sich zu sammeln. Zweitens waren im Regelfall in jeder Zelle bereits Menschen, die den Neuankömmling hassten. Das ergab sich so, weil entweder der Neue selbst daran beteiligt gewesen war, sie zusammenzuschlagen, oder er wurde in eine Zelle verlegt, in der derjenige saß, der ihn selbst früher verprügelt hatte.

Stellen Sie sich dieses Bild vor: Sie werden in eine Zelle mit fünfzehn Menschen verlegt, drei davon sind sogenannte *Ältere* – kurz zuvor haben die mit Ihnen nachts buchstäblich den Fußboden gewischt, als sie Sie gemeinsam mit der Administration über den Korridor geschleppt haben. Darüber hinaus sind ein Teil der Leute in der Zelle Informanten, die einen niedrigeren Rang innehaben und dank der Berichte an die Administration hier überleben können. Jedes von Ihnen ausgesprochene Wort selbst gegenüber jemandem, dem sie vertrauen, wird in dem engen Raum der Zelle mit Videoüberwachung rund um die Uhr noch fast am selben Tag der Leitung bekannt. Eine Zeit lang gab es in der *Isolation* sogar das Verbot, sich flüsternd zu unterhalten. Wenn sie im Monitorraum

durch die Videokamera bemerkten, dass Sie ein vertrauliches Gespräch mit jemandem führten, wurde die Aufnahme sofort auf den
ganzen Bildschirm vergrößert und man hörte Ihnen aufmerksam
zu. Kaum hatte der Chef der *Isolation* verstanden, was Sie flüsterten,
konnten Sie umgehend brutal zusammengeschlagen werden.

In einer solchen Lage erübrigt es sich, über einen wie auch immer gearteten realen Widerstand zu sprechen. Ebenso sollte man
berücksichtigen, welche Anzahl an Gefangenen sich gleichzeitig an
diesem Ort befand. In der *Isolation* gab es lediglich acht Zellen, nicht
eingerechnet die Karzer, die "Luxus-Suite" (eine enge Zelle für
Zwei ohne Ventilation) und den Keller. Als in letzterem Pritschen
auf einer zweiten Ebene angeschweißt worden waren, konnte das
Gefängnis bis zu achtzig Personen aufnehmen, wobei in den
schlechtesten Zeiten, als Menschen buchstäblich Welle für Welle in
die Keller geworfen wurden, hier nicht mehr als siebzig Personen
festgehalten wurden. Davon war ein Teil Frauen. Ein Teil – zudem
kein kleiner – befand sich im Keller, die Kommunikation mit ihnen
war nur über die sogenannten *Balandjory* möglich, also die Leute,
die das Essen verteilten. Und das waren immer diejenigen, die der
Administration nahestanden und nachts Menschen verprügelten.
Der Keller wurde nicht zum Hofgang oder zur Arbeit geführt, aber
selbst bei der Arbeit versuchten sie, Gefangene aus verschiedenen
Zellen getrennt zu halten und verboten Unterhaltungen. Außerdem war ein Teil der Menschen Neulinge und diejenigen, die dieses
System und wie alles hier funktionierte verstanden, waren nicht
mehr als an die zwanzig. Somit ergab sich ein Paradox: Je kleiner
die Zelle und die Zahl der Menschen in ihr war, desto größer waren
die Chancen, sich zusammenzuschließen und eine gemeinsame
Sprache zu finden. Aber diese "Mehrheit" ergab unterm Strich zwei,
drei Menschen, die von der *Isolation* psychisch so erschöpft sein
mussten, dass sie in einem gewissen Sinn schon nichts mehr zu verlieren hatten.

Es muss gesagt werden, dass sich das Beziehungssystem zwischen Menschen, die an der Front sicher aufeinander geschossen
hätten, in der *Isolation* entgegengesetzt entwickelte. Das Beispiel

des ukrainischen Armeeangehörigen, der begann, mit der Administration zusammenzuarbeiten, hatte ich bereits angeführt. In meiner Erfahrung gab es allerdings auch Gegenbeispiele. Zu einer Zeit war unser *Zellenoberhaupt* ein Kapitän der "Republikanischen Armee[20]", dem der Leiter des Gefängnisses – im Zustand absoluter Alkoholisierung – einmal die Frage stellte: "Warum bellt der Journalist bei dir noch nicht unter der Pritsche?" Was faktisch bedeutete, dass dieser Kapitän mich jetzt sofort mit Tritten unter diese Pritsche hätte prügeln sollen. Nicht nur, dass er das einfach nicht tat, er wechselte auch noch mit Scherzen und Erzählungen über "Kampfesruhm" sofort das Gesprächsthema.

Berücksichtigt man seine Schulterklappen und meine Ansichten, dann hätte es ihn nichts gekostet, diesen Befehl auszuführen. Viele aus anderen Zellen hätten mit Vergnügen so gehandelt, auch ohne Befehl. Als ich ihn am nächsten Tag danach fragte, sagte er mir: "Diese Leute haben mir eine Elektrode in den Hintern geschoben und mich eine ganze Woche jede Nacht langsam gebraten. Danach, als ich mich ein wenig gesammelt hatte, haben sie mich in eine Matratze gewickelt und mich anstelle eines Boxsacks aufgehängt. Und jetzt tun sie so, als sei das nicht vorgefallen, und spielen 'wir und die anderen'. Vielleicht ist für sie auch nichts vorgefallen, ich aber habe nichts vergessen und nicht dafür habe ich gekämpft – damit man mit mir so umgeht, die eigenen Leute ..." Das Bewusstsein dieses Menschen war zerbrochen – zersplittert wie Glas. Seine Identität baute sich jetzt um die Idee der Familie auf, nicht um die Idee der Fahne, an die er nicht mehr glaubte.

Meinerseits habe ich ihm ebenfalls einmal geholfen. Vor der abschließenden Gerichtsverhandlung wurde diesem Kapitän gesagt, er solle ein Schlusswort schreiben, das er mich aufzusetzen bat. Die Situation, in der wir uns wiederfanden, war einzigartig: Ich, ein ukrainischer Journalist mit sechs Verurteilungen für die "Negierung der Souveränität der Republik", sollte einen Text über die Liebe zur "Republik" für einen Kapitän dieser "Republik" verfassen, der nicht länger an sie glaubte. Jetzt erinnere ich mich schon

---

[20] Bewaffnete Formation der "Donezker Volksrepublik" (A.d.Ü.)

nicht mehr an den ganzen Text, aber der letzte Satz war mir besonders gut gelungen: "Euer Ehren! Im Jahr 2014 erhob ich mich für die
Verteidigung der Freiheit und jetzt bitte ich das Hohe Gericht, mir
die Freiheit nicht zu entziehen."

Das mag alles absurd erscheinen (und teilweise ist es das
auch), aber in der *Isolation* griff keine lineare Logik, hier gab es nicht
die Beziehung "wenn A, dann B". Es gab Fälle, in denen eine hier
verbrachte Woche die komplette Persönlichkeit innerlich veränderte, und äußerlich ergraute der Mensch innerhalb dieser Woche.

Einmal entschieden wir uns übrigens doch für einen kleinen
Aufstand – mit den Kräften einer Zelle. Es ging darum, dass wir zu
diesem Zeitpunkt schon über einen Monat keine auch nur halb-
wegs vernünftige Nahrung gegessen hatten. Brot gab es entweder
überhaupt nicht oder sie gaben uns zwei dünn geschnittene durch-
sichtige Scheiben für den ganzen Tag, während die "Hauptmahl-
zeit" aus halbgekochtem, verklebtem Perlgraupenbrei bestand, den
zu essen einfach gefährlich war, selbst ungeachtet seines Geruchs
und Geschmacks. Bei einem weiteren dieser Abendessen, das wir
wieder ins Klo schütteten, trat ich an einen früheren Verbrecher
heran, der schon ein Jahr in der *Isolation* saß und sie nicht weniger
hasste als ich, und schlug ihm vor, eine Erklärung über einen Hungerstreik zu schreiben. Das Papier sollte auch eine erneute Bitte um
Verlegung ins Untersuchungsgefängnis enthalten; denn zu dieser
Zeit waren er und ich bereits verurteilt und wurden hier selbst nach
den Maßstäben der hiesigen Gesetze "illegal" festgehalten. Worauf
er antwortete, dass, wenn man so etwas schon mache, dann nur mit
der ganzen Zelle gemeinsam. Es müssten alle dreizehn Leute unterschreiben, sonst würden wir zwei einfach getrennt in den Keller
gesteckt werden. Er bestand darauf, dass die Mehrheit gewaltsam
zu diesem Schritt gezwungen werden müsse, während ich vor-
schlug, jeden nach seiner Meinung zu fragen.

"Wen denn fragen, Stas", sagte er mit gewisser Verachtung.
"Hier sind fünf Leute, die über ein Jahr sitzen und verstehen, was
geschieht, und wofür es Sinn macht, ein Risiko einzugehen. Die übrigen sind hier ein, zwei Monate und eine ebenso gewöhnliche

Masse wie auch die Mehrzahl in jedem Lager, die geschubst werden muss. Glaubst du, sie sehen die ganze Schweinerei? Jeder von ihnen denkt, dass er heute oder morgen rauskommt, im schlechtesten Fall ins Untersuchungsgefängnis einfährt. Versuch ihnen zu erzählen, wie du schon geschlagene zwei Jahre dorthin unterwegs bist und hier sogar noch nach dem Gerichtsurteil sitzt. Wie du einen Hungerstreik unternommen hast, um ins Gefängnis zu kommen. Wie Menschen für zweihundert Tage in Kellern versteckt werden. Wem etwas erklären? Nur gemeinsam, durch die Anzahl, mag es auch durch Gewalt sein, aber wir werden es wenigstens versuchen können. Dreizehn Personen zugleich brechen sie nicht, Aber zwei oder fünf – sehr wohl."

Wie auch immer, aber wir, alte Hasen hier, legten der Zelle zu fünft unsere Meinung dar. Und sei es aus Angst vor meinem Nachbarn, dem Verbrecher, der eine für die anderen recht beleidigende Rede hielt, sei es aus Solidarität, aber die Zelle unterstützte uns. Ich verfasste einen Text, den alle dreizehn Leute unterschrieben – und zu meiner eigenen Verwunderung kam einige Tage später eine Kommission aus dem *Kontor* zu uns, die jeden Unterzeichner befragte. Als sie erfahren hatten, wer der Initiator und Autor des Textes war, verwandelten sie mein Verhör zum wiederholten Mal in eine gewöhnliche Erniedrigung und erlaubten nicht einmal, die Plastiktüte vom Kopf zu nehmen.

Bemerkenswert ist, dass die Nachbarzellen, die der Administration nahestanden, sagten, dass für sie alles passe, obwohl in der *Isolation* alle hungerten. So oder so, aber für ein paar Wochen wurde das ganze Gefängnis mit Reis und Fischkonserven ausgestattet, wonach das Essen wieder verschwand. Es gab keinen Grund, sich zu wundern – dieser Ort existierte offiziell nicht, was hieß, dass auch niemand offiziell dazu verpflichtet war, die Gefangenen mit Essen zu versorgen. Aber wichtig war etwas anderes: Zum ersten Mal konnten wir uns in der *Isolation* als ein einiges Ganzes zeigen, wenn auch begrenzt auf eine Zelle, weil es unter uns niemanden gab, der ein nahes Verhältnis zur Administration hatte. Aber diesen Erfolg über unsere Zelle hinaus zu entwickeln, war unmöglich.

Kapitel 15: Mausville[21]: Schreiben trotz allem

"Was kann sinnloser sein, als Texte in einem Keller zu verfassen, wenn sie in jedem beliebigen Moment vor deinen Augen verbrannt werden können?" Das ist einer der wenigen Sätze, an die ich mich aus meinen Manuskripten aus der Kellerperiode noch erinnere – die mir tatsächlich anderthalb Jahre später abgenommen wurden. Und dennoch ließ mich die Literatur sogar hier nicht los.

Die ersten Zeilen schrieb ich nach einem Monat nieder, als ich wenigstens etwas zu mir gekommen war und Gewöhnung an das Kellerleben einsetzte. Ich schrieb auf einem Pappkarton, der hier seit vorsintflutlichen Zeiten herum lag, mit einem Bleistiftstummel. Später wird diese Pappe ganz bedeckt sein mit Texten, Fußnoten, die sich in meinem Kopf schon zu einem eigenen Roman zusammenfügten. Ich muss sagen, dass es mir wirklich leid um diese Texte tut – nicht nur deshalb, weil sie zu einer Art Bibel geworden waren und sich durch ihre Extravaganz und fast schon Poesie auszeichneten, obwohl ich im Keller nie Gedichte schrieb. Vor allem tut es mir um sie leid, weil ich in mir die Kraft gefunden hatte, diesen kleinen Bleistift aufzunehmen und mit ihm auf der Pappe zu kratzen – trotz des üblen Gestanks, der von mir ausging. Trotz der Finger an den Händen, deren Glieder ich nach der Folter immer noch nicht spürte. Trotz des Hungers, der Flaschen mit Urin und der Gedanken an Selbstmord. Darin lag für mich der wahre Wert dieser Blätter, die ich durch den Keller und einen großen Teil der *Isolation* bei mir getragen hatte – bevor sie uns dort eine Durchsuchung bescheren und mir demonstrativ jeden Bogen wegnehmen werden.

Zudem sind Texte in Gefangenschaft die stärkste Therapie, sie sind nicht weniger wichtig als Sport. Vorrangig, weil sich genau auf das Papier die mich überwältigenden Emotionen der Angst,

---

[21] Anspielung auf Stephen Kings "The Green Mile", wo Mouseville eine erdachte, auf Mäuse spezialisierte Touristenattraktion in Tallahassee ist. (A.d.Ü.)

Trauer, Hoffnungslosigkeit ergossen, von denen die anderen Gefangenen wie durch Rost von innen aufgefressen wurden. Viele
Male sublimierte ich den Gedanken an Selbstmord genau in Texten
über ihn, beschrieb meine Sorgen in den winzigsten Einzelheiten
und analysierte sie. Diese Methode ist auch in Freiheit bekannt,
aber in der kritischen Situation einer Gefangenschaft ist sie so wichtig wie nie. Zudem ist auch die Umwandlung der Zeit wichtig: Im
Keller kann eine Stunde wie Monate erscheinen, hier wird die Zeit
durch Schock und Leiden gebrochen wie ein Sonnenstrahl in Fens-
terglas. Allein von einem Gedanken daran, dass die Phase der "Keller"-Zeit niemals enden wird, versinkt die Persönlichkeit auf dem
Grund einer tiefen Depression und sieht vor sich keinerlei Perspektiven. Deswegen ist sogar eine gewöhnliche Aufzeichnung darüber
schon ein Sieg, der diesen Gedanken einfangen und auf zwanzig
bis dreißig Minuten eines Textes richten kann, was von Emotionen
reinigt und die Worte zum nächsten Ziel macht.

Ja, mich verließ der Eindruck nicht, dass sie das alles direkt
hier wegnehmen werden, sogar diesen Pappkarton verbieten – und
einmal kam mitten in der Nacht tatsächlich die Wache zu mir in
den Keller hinab, um das zu lesen, woran ich bereits eine Stunde
geschrieben hatte. Schweigend, ohne ein einziges Wort, öffnete sich
die Tür, es wurde auf die Wand gezeigt, was den Befehl bedeutete,
beiseite zu treten und sich mit dem Gesicht zur Wand hinzustellen.
Dann nahm der Aufseher meine Texte und nach einer Minute ging
er – ebenso schweigend, wie er eingetreten war, und hatte keiner
einzigen Seite etwas getan. Ich nahm erneut den Bleistift und saß
mit ihm bis zum Morgen.

Lohnt sich der Gedanke, dass alle meine Anstrengungen umsonst waren, weil mir alles weggenommen wurde? Zweifellos
nicht. Nachdem ich mich in der *Isolation* befand und für mich sor-
tiert hatte, was für ein Ort das ist, habe ich vorrangig das abermals
Niedergeschriebene statt eines Gebetes jede Nacht wiederholt.
Mehr noch, ich habe die Texte auswendig gelernt und mich dabei
stundenlang von Pritsche zu Pritsche bewegt. Manchmal habe ich
Texte auf diese Art "geschrieben", ohne es zu wagen, sie zu Papier
zu bringen. Einigen der neu in der *Isolation* Angekommen schien es

in solchen Minuten, dass ich schon nicht mehr bei mir sei. Aber selbst wenn ihnen erklärt wurde, dass ich ein Journalist und Schriftsteller bin, der nicht einfach etwas vor sich hin murmelt, sondern Geschriebenes wiederholt, das vorher im Keller geschaffen worden war, verlieh mir das in ihren noch klaren Augen nur noch mehr "Wahnsinn". In der Tat, ein Mensch, der sich gerade erst in der Zelle wiederfindet, denkt an seine Nächsten, an die Folter, an eine Zahnbürste oder ein Stück Seife, das für uns wie Gold war. An alles Mögliche, nur nicht daran, Texte zu schreiben, erst recht nicht daran, sie stundenlang vor sich hinzuflüstern, wie ein Gebet, stundenlang vor sich hin. Und in diesem Moment hatte ich nichts, was ich diesen Menschen hätte entgegnen können. Ich betrachtete ihre bleichen, ausgezehrten Gesichter und verstand, wie das aus ihrer Perspektive aussah. Jetzt kann ich zu meiner "Rechtfertigung" sagen, dass Sie das von mir in der *Isolation* Geschaffene heute in Form einiger Kapitel dieses Buches lesen, die ich aus dem Gedächtnis rekonstruieren konnte, sobald ich mich im Untersuchungsgefängnis wiederfand.

Was die Texte aus dem Keller angeht, so ist der Großteil davon leider verloren. Ich denke übrigens nicht, dass es für immer ist. Einen Monat nach der Durchsuchung nämlich, beim Abendessen, reichte ich den Teller durch die *Futterluke* und hörte von der anderen Seite ... ein Zitat dieser Texte. Neben dem Gefangenen, der das Essen ausgab, stand der Aufseher, der meine Manuskripte eingezogen hatte – und sie jetzt spöttisch zitierte, während mir der Fraß eingefüllt wurde. Mehr noch, ich antwortete ihm, dass es im Manuskript nicht exakt so stand, wie er es aufsagte, worauf er antwortete: "Ja? Nun gut, ich schaue heute nach und morgen sage ich dir sicher, wie es dort stand." Mit anderen Worten: Diese allein für mich notwendigen verschimmelten Krakeleien wurden nicht nur genau gelesen, sondern auch noch für mir bis heute nicht klare Ziele aufbewahrt. Es würde mich nicht wundern, wenn dieser Mensch eines Tages meine eigenen Werke an mich zu verkaufen versucht.

Wie auch immer, alles, woran ich mich aus diesen düsteren Aufzeichnungen erinnere, sind ein paar Absätze des ersten Kapitels. Auf den Pappkarton hatte ich meine Unterschrift gesetzt und es stand "Mausville. Roman" darauf. Dieser Titel war aus einer Unterhaltung mit dem dem Leser bereits bekannten Russländer geboren worden, der uns mit Kellerratten verglich, die in kleinen Käfigen gehalten werden. Ich fragte sogleich, ob er den Film "The Green Mile" gesehen habe und sich an das dortige Mouseville, in unserer Sprache Mausville, erinnere.

"Natürlich erinnere ich mich", erklang die finstere Stimme von hinter der Wand, "Nur war es dort ein Paradies für Mäuse und keine Hölle wie bei uns."

Nun, ich präsentiere Ihrer Aufmerksamkeit einige kurz wie Blitze aufgeflackerte Erinnerungen aus diesem Manuskript. Das erste, was ich in Gefangenschaft geschrieben hatte:

"Wir alle sind Labormäuse. Wir werden gefüttert, erhalten Stromschläge, manchmal werden wir zum Waschen geführt. Jeder hat seinen eigenen Weg nach Mausville – den Keller des 'Ministeriums der Staatssicherheit der Donezker Volksrepublik'. Ich war drei lange Jahre dorthin unterwegs. Allerdings bestätigten die Handschellen, die im Zentrum von Donezk zuschnappten, doch nur den 'guten', alten Gedanken: Manchmal denkst du, dass alles gut ist, während irgendwer dir schon ein Grab schaufelt.

Wie alle Nagetiere lieben wir Zucker. Hier, im Keller, hat er einen besonderen Wert. Wie auch unser Gedächtnis. Außer ihm blieb nichts. Sonne, Menschen, Bäume – alles wurde zu einer versteinerten Landschaft.

Ich bin ein ebensolches Tier, in das sie uns alle verwandelten, auch wenn ich ganz wenig höher stehe als die anderen Nagetiere, weil ich nicht nur mit der Zunge saure Suppe aus dem Schälchen lecken kann. Zeit verwandele ich in Buchstaben. Vielleicht in welche, die niemand braucht. Vielleicht in welche, die nie jemand lesen wird. Aber ich schreibe – das ist das einzige, was übrig bleibt, wenn Mausville in die Nacht fällt."

Kapitel 16: Gott hinter Gittern

Religion spielt an Orten des Freiheitsentzugs immer eine große Rolle. Bereits in den Zeiten des Kellers im *Kontor* habe ich die langen orthodoxen Gebete meines Nachbarn durch die Wand angehört, was mir, offen gestanden, ziemlich auf die Nerven ging. In dieser Zeit glaubte ich noch an Gott, aber diese Gebete klangen derart trostlos, dass ich mich in Kombination mit dem düsteren violetten Licht der Unterwelt wie lebendig begraben fühlte. Weswegen ich meinen Nachbarn bat, sie nach Möglichkeit in Gedanken zu beten oder wenigstens etwas leiser. Es ist erstaunlich, aber meine philosophische Ausbildung war mir sogar hier von Nutzen: Einige Nächte hintereinander – um wenigstens irgendwie die Atmosphäre zu entschärfen und mich abzulenken – hielt ich den Gefangenen Vorlesungen über Satanismus, Buddhismus und Okkultismus und kramte unter Mühen das verstreute Universitätswissen zusammen. Einer dieser Menschen lernte dank mir sogar das "Glaubensbekenntnis" und bedauerte aufrichtig, dass er als Orthodoxer es nicht vorher gekannt hatte.

Als ich in die *Isolation* geraten war, entdeckte ich einen ganzen Strauß an Religionen, insbesondere in der Zeit meines Aufenthalts im Keller. Gegen Abend konnte man hier folgendes Bild beobachten: Orthodoxe, die in der entfernten Ecke beteten; ein junger Protestant, der immer ein eigenes Gebet verfasste und im Zentrum des Kellers Gläubige versammelte, die einer solchen Anwandlung gegenüber nicht gleichgültig waren; und schließlich ein Muslim, der ständig bei allen nachfragte, ob an dieser Wand sicher Süden sei – um sein Namaz beten zu können. Mit letzterem kamen im Keller Probleme auf, weil dieser Mensch vor dem Gebet eine Waschung vollzog – mit dem Wasser, das für uns nicht mit Gold aufzuwiegen war. Für zehn Menschen erhielten wir sechzig Liter Wasser in der Woche und der Administration war es völlig egal, ob wir das Wasser tranken oder fünf Mal am Tag über unsere Füße gossen.

Später, als sie mich schon nach oben geholt und in eine gewöhnliche Zelle gesteckt hatten, traf ich Kriminelle, für die Religion einen ebenso wichtigen Platz in ihrem Leben einnahm wie die *Ponjatija*. Interessant ist, dass diese Menschen von morgens bis abends vor orthodoxen Ikonen beteten und dabei die ukrainische Obrigkeit wegen der Juden hassten, die darin angeblich Schlüsselpositionen einnähmen. Als ich versuchte zu klären, was ihnen denn die Juden selbst Schlechtes getan hätten, stellte sich heraus, dass kein einziger von ihnen jemals persönlich mit einem Juden bekannt gewesen war. Mehr noch, sie verfielen in Starre angesichts der Tatsache, dass Christus und die Apostel auch Juden waren und ein Sich-Bekreuzigen vor der Ikone des Hl. Petrus in diesem Sinne mindestens seltsam anmutete.

Das betraf auch die örtlichen Milizen: Eine solche Menge an Antisemiten, wie es sie unter den sogenannten "Antifaschisten" gab, ist mir noch nirgends begegnet. Ich erinnere mich, wie ich einmal einem Kapitän, mit dem ich übrigens in einem recht anständigen Verhältnis stand, sagte, dass mein geliebter Mensch eine Jüdin ist und dass ich Antisemiten nicht weniger hasse als sie Juden. Und dass der Gedanke an sie dafür sorgte, dass ich mir hier nicht die Kehle durchschnitte. Und überhaupt – wenn wir hier in einer Zelle mit seinen "republikanischen" Schulterklappen und meinen pro-ukrainischen Ansichten zurechtkämen, dann sollte dieses zerbrechliche Gleichgewicht besser nicht durch Gespräche über Juden, die er nie im Leben gesehen hätte, aus der Balance gebracht werden.

Was mich selbst angeht, so erinnere ich mich gut an meinen Bruch mit Gott. Der geschah im Herbst 2017, nachts, als ich auf der oberen Pritschenebene in der vierten Zelle der *Isolation* einzuschlafen versuchte. Ich lag nach dem Zapfenstreich da, zur Wand gedreht, und hörte schon die dritte Stunde, wie jemand in dem neben uns liegenden Monitorraum gefoltert wurde. Den Geräuschen nach zu urteilen wurde der Mann mit einem speziellen Rohr auf die Genitalien geschlagen und dabei ständig nach irgendwelchen Briefen gefragt. Scharfes Schnalzen, Aufschrei, Frage – wieder Schnalzen. Und so ging es schon ein paar Stunden. Der Kopf zersprang, kein einziger von uns dachte auch nur an Schlaf. Nicht nur wegen der Schreie, an die du dich mit der Zeit gewöhnst. Es war nicht klar, ob sie danach kommen würden, um auch an uns ihre Wut abzureagieren. Ich kann nicht sagen, dass in dieser Nacht etwas Besonderes geschehen wäre. Zu diesem Zeitpunkt hatte ich schon drei Monate in der *Isolation* verbracht und fast täglich schrie hier jemand. Aber aus irgendeinem Grund dachte ich genau in dieser Nacht, dass ich genug hätte.

Vor diesem Moment – von Kindheit an – betete ich regelmäßig, bevor ich einschlief. In zwei Jahrzehnten hatte ich nur einmal das Gebet ausgelassen – an dem Tag, als ich festgenommen und nach der Folter direkt in den Keller geworfen wurde. Schon seit Schulzeiten trug ich ein kleines Holzkreuz um den Hals, dass ich auch in dieser Nacht um hatte. In meinen Kopf schoss plötzlich wie ein Blitz der Gedanke: Wenn Gott allgegenwärtig ist, heißt das, dass er jetzt im Monitorraum steht, neben diesem jungen Mann, und einfach zuschaut, wie sie mit einem Lächeln Menschen quälen. Jeden Tag – Tränen, Schreien, Leiden, an diesem Ort gibt es sicher keinen Tropfen Liebe. Mit achtundzwanzig Jahren zittern meine Hände wie die eines Greises und mit mir sitzen die ein, die innerhalb eines Monats ergraut sind. Wenn Gott existiert, dann ist er entweder sehr grausam oder er kommt hier nicht vorbei und die Adresse "Heller Weg Nr. 3" ist ihm unbekannt.

Naive Überlegungen, ich weiß. Besonders nach fünf Jahren Kant und Hegel, Theodizee und der Erfahrung Hiobs, der alles verlor wegen eines Streits des Herrgotts mit einer gewissen Kreatur. Als Hiob sich dann zu der Frage "Wie kann das sein?" durchrang, da hörte er als Antwort: "Wer bist du, dass du fragst?" Die Theorie hat also nichts damit zu tun. Wichtig ist etwas anderes: die Tapetenfetzen an den Wänden, das dämmerige Licht, Schreie und Stöhnen. Das stellte sich als gewichtiger heraus als die ganze Ontologie Kants. An irgendeinem Moment bricht alles zusammen – und außer diesen Wänden und reiner, nackter Grausamkeit bleibt innen nichts übrig. Man kann sich die Hand verbrennen und Dutzende Traktate darüber schreiben, was eine Blase ist – der Schmerz jedoch wird nicht weniger. Wahrscheinlich ist genau der Schmerz der Spiegel meines Atheismus. Irgendwo in meiner Seele hoffe ich, dass

es Gott doch gibt. Ich hätte gerne, dass er existiert und ehrlich ein-
gesteht, dass er in dieser Nacht neben diesem jungen Mann stand
und neben mir – wie auch in allen neunhundertsechzig Nächten
meiner Gefangenschaft. Es war notwendig. Warum? "Du bist nicht
in der Lage zu verstehen." Das wäre menschlich, aber gleichzeitig
auch zu einfach. Dieses Rohr hielt nicht Gott und nicht der Teufel
in Händen – es war ein Mensch und wir selbst machen das mit uns.

Als ich meinen letzten Monat vor der Verlegung ins Untersuchungsgefängnis in der *Isolation* absaß, begann ich zu bemerken,
dass die gewohnten Versuche der Zellengenossen für eine Erklärung dessen, was mit ihnen geschah, in ein Stadium der Pathologie
übergingen, wenn ein zufällig angestoßener Löffel oder eine heruntergefallene Seife plötzlich als ein "Zeichen des Himmels" gedeutet
wurden und für jeden einen äußerst tiefen Sinn trugen. Besonders
kompliziert war es mit den Spinnen. Eine Spinne ist in der klassischen Gefängniskultur im postsowjetischen Raum der "Herr der
Hütte", also der Zelle. Spinnen darf man nicht erschlagen und nicht
einmal unnötig berühren. Zudem sind weiße Spinnen den schwarzen um einiges vorzuziehen, besonders, wenn sie Richtung Tür
kriechen oder sich auf einen setzen. Da in diesem Zeitraum bei uns
in der Zelle ein Mensch mit solider Gefängniserfahrung saß, der
insgesamt über zwanzig Jahre eingesessen hatte, erreichte die Hys-
terie um Spinnen, heruntergefallene Löffel oder zufällig aus dem
Wasserhahn auf jemanden spritzendes Wasser ihren Höhepunkt:
Fast alle begannen daran zu glauben. Und weiter verging kein Tag,
an dem wir nicht "heute" auf etwas warteten. Der ganze Trick lag
aber darin, dass dieses "heute" auf morgen verschoben wurde, und
morgen geschah erneut nichts, und dann warteten wir wieder. Dafür trat echte Euphorie ein, wenn sich eine Stunde, nachdem sich
eine Spinne von der Decke abgeseilt hatte, die Tür öffnete – und
jemand ins *Kontor* gerufen wurde, was allgemein eines der wenigen
Ereignisse war, die in diesen Wänden auch ohne Spinnen möglich
waren.

Anfangs ärgerte mich das. Ich konnte nicht verstehen, wie
Menschen mit umfangreicher Lebenserfahrung, die ihr ganzes Leben mit Raub und Leichen, diesem Krieg, Verrat und Zynismus zu

tun gehabt hatten, stundenlang auf eine Spinne starren und für sie
warme Gefühle empfinden konnten. Mehr noch, fast jeder von
ihnen betete von früh bis spät, was überhaupt nicht in die Rahmen
der Mystik eines heruntergefallenen Löffels und des auf den Boden
verschütteten Tees passte. Aber später verstand ich: Psychologisch
ist das derselbe Herrgott. Ihnen wurde wesentlich leichter zumute,
wenn sie dachten, dass ein heruntergefallener Löffel heute etwas
ändern würde. Vielleicht öffnete sich die Tür und sie würden von
hier wenigstens für eine Stunde fortgebracht. Und wenn sie Glück
hätten, dann könnten sie auf dem Weg ins *Kontor* noch Bäume oder
einen Teil der Stadt sehen – lebendige, echte, nicht durch Furcht
gefesselte Menschen. Solche Schlucke frischen Lebens reichten mir
selbst fast für einen Tag – es genügte, nur durch den Türspalt des
Gefangenentransporters Blätter der Bäume oder Hochhäuser zu betrachten. Vorzeichen gaben ihnen einen Vektor der Hoffnung,
überzeugten davon, dass alles von Oben gelenkt wurde, dass all ihr
Leiden, all das – nicht einfach so geschah.

In einem Moment verstand ich, dass ich nicht das Recht hätte,
sie davon abzubringen. Ja, mir fiel schwer, dabei zuzuschauen und
zu verstehen, dass sie die Tür heute wieder nicht öffnen würden
und dass der vergossene Tee nur Tee war. Einmal dachte ich sogar,
dass die Zelle sich in eine Klapsmühle verwandelt hätte, in der jeder die Schritte des anderen verfolgt als würden sie aus Schildkrö-
tenknochen wahrsagen. Und doch ist der Sinn der Schlüssel zur
Freiheit. Es hat keine Bedeutung, woran genau man an diesem Ort
glaubt, wo außer Glaube überhaupt nichts bleibt. Früher küsste ich
vor dem Schlafen ein kleines Kreuz, jetzt eine Fotographie: Ich
konnte sie stundenlang ansehen. Unterschied ich mich darin sehr
von dem ehemaligen Knacki, der mit einem Gebetbuch und einer
alten Ikone durch die Zelle schritt und noch einen Blick auf die
Spinne warf? Nehmen Sie ihm die Ikone weg und mir die Fotographie, das Ergebnis wird identisch sein: Leere. "Ihr seid das Salz der
Erde. Wenn nun das Salz nicht mehr salzt, womit soll man salzen?"
Ein fades Leben – ein Leben ohne Sinn – tötet schneller als Strom.

Darum also beschränkte sich die Religiosität in der *Isolation* nicht nur auf Ikonen. Ich erinnere mich, wie einmal einem Menschen ein Stück Papier von seiner geliebten Ehefrau übergeben wurde. Es war eine kleine Nachricht mit Worten der Unterstützung, die er ohne Brille nicht lesen konnte. Allein am ersten Abend habe ich ihm diese drei Sätze ein Dutzend Mal vorgelesen. Seine Gattin hatte sogar noch daran gedacht, die Lippen zu schminken und sie an einigen Stellen gegen das Blatt zu drücken, womit sie ihm einen Kuss hinterließ. Was geschieht mit einem Menschen, wenn er eine scheinbare Kleinigkeit erhält? Alles rundum kümmerte ihn nicht mehr. Er strahlte buchstäblich, wenn er auf die Nachricht schaute und ihre Worte hörte. Kein einziges Gebet und keine einzige Ikone hätten einen solchen Effekt erreicht. Ich habe selbst hunderte Male am Tag die Worte der Liebsten wiederholt, die mir meine Mutter bei den seltenen Besuchsterminen übergab. Jedes Komma betrachtet, mir die Intonation vorgestellt, ihr Gesicht, während sie das an mich geschrieben hatte. Natürlich war das alles nur virtuell, nur im Bewusstsein, weil sie mir ab einem bestimmten Zeitpunkt verboten, Briefe bei den Besuchsterminen anzunehmen und die vorhandenen in der *Isolation* weggenommen worden waren. Und dennoch konnte ich mir über Stunden jedes Wort ins Gedächtnis rufen. Wenn man unter Religion eine Erfüllung mit Sinn versteht, dann war das Paradies eines künftigen Treffens das Einzige, was mich aufrechterhielt.

Kapitel 17: Humor in Gefangenschaft

Es ist erstaunlich, aber der Großteil des Humors in der *Isolation* "ruhte auf den Schultern" früherer Gefangener, wenn es solche in unseren Zellen gab. Es ist nämlich so, dass Humor in der klassischen Gefängniskultur nicht nur einer der Hauptaspekte im Leben eines Gefangenen ist. Es ist buchstäblich ein Rettungsring, den ein Gefangener dem anderen zuwirft, wenn er sieht, dass es diesem schlecht geht. Und je härter die Haftbedingungen, unter denen sich ein Gefangener befindet, desto mehr Humor kann man dort antreffen, sodass also *Besondere* (frühere Gefangene aus dem besonderen Vollzug), mit denen ich zu unterschiedlichen Zeitpunkten einsaß, diese Tradition in unsere Welt einbrachten.

Ich erinnere mich, wie einmal ein Dagestaner in unsere Zelle geriet, der bereits Gefängniserfahrung in Russland hatte. In den ersten paar Minuten der Bekanntschaft, während er mit Scherzen um sich warf, stellte er uns allen plötzlich die Frage: "Warum so gesenkte Köpfe, als hätte man euch aufgehängt? Ohne Späße geht es nicht. Wie wollt ihr denn eure Zeit absitzen?" Dieser Mensch war natürlich aus einem gewöhnlichen Gefängnis zu uns verlegt worden und nach einer Woche Aufenthalt hier schwand sein Optimismus beträchtlich. Und das, obwohl er nach Folter und Karzer, wo er fast zwei Wochen ans Gefängnisgitter angekettet gehangen hatte, zu uns in die Zelle gekommen war. Ich habe Dutzende Leute gesehen, gewöhnliche Zivilisten, die nach so etwas eine Woche nicht sprechen konnten. Sie verschlossen sich, ihr Leben war bestimmt von Angst, Kränkung, Träumen von ihren Nächsten … Kurz, ihre Reaktion war vorhersehbar und unter Berücksichtigung dessen, was man ihnen gerade angetan hatte, vollkommen natürlich. Aber ein Mensch, der schon Erfahrung im "Absitzen" hat, stach fast immer durch krankhaften Humor hervor, und vor allem dieser Humor war ihm anzumerken. Ja, auch die Qualität des Humors von ehemaligen Knackis und von uns "Politischen" war schon sehr unterschiedlich – ich würde sagen, dass wir in diesem Sinne kränker waren.

Ich erinnere mich zum Beispiel, wie im Juli ein Mann in kurzen Jeanshosen, die im Penisbereich komplett nass waren, zu uns in den Keller gebracht wurde. Wegen der Folter hatte er sich eingenässt, was vielen geschah, denen Drähte an den Penis angeschlossen wurden. Einer von uns begrüßte ihn sogleich mit einem Lächeln und dem Satz: "Einmal trocknen?" Und das trotz der Tatsache, dass er selbst das Gleiche durchgemacht hatte, vielleicht sogar in noch heftigerer Form als der Neuling. Es ist erstaunlich, aber wenn du siehst, dass es jemandem noch schlechter geht als dir selbst – wird dir leichter zumute. Dadurch erklärt sich auch die Härte des Sarkasmus und die Tatsache, dass man im Laufe des ganzen Tages in der Zelle Scherze wie den folgenden hören konnte: "Wer braucht dich denn, wer wird dich befreien? Du sitzt deine zwanzig Jahre ab und gut ist, Heimflug. Mit sechzig beginnt das Leben erst." Natürlich stürzte das denjenigen, an den diese Worte gerichtet waren, in eine Depression. Und so ein Mensch versuchte sofort, seine seelische Katharsis in den Schwachpunkten seines Gegenübers zu finden und diesen auf den Grund einer Depression und Hoffnungslosigkeit zu versenken. All das geschah quasi nebenbei, mit einem gezwungenen Lächeln auf dem Gesicht, aber die Häufigkeit dieser täglichen Phrasen zeugte davon, wie stark die Menschen litten und wie sehr sie diese Gefühle nicht mehr in ihrem Inneren behalten konnten.

Etwas ähnliches geschah auch bei der Auswahl zur Arbeit. Als die *Isolation* noch von Palytch geleitet wurde, liebte dieser es, die Tür heftig aufzustoßen, dem Ersten, der das Pech hatte, in der Nähe zu sein oder es nicht geschafft hatte, die Plastiktüte über den Kopf zu ziehen, mit der Faust auf den Rücken oder die Niere zu schlagen und zu rufen: "Arbeiten, Viehzeug!", zudem mit dem ihm eigenen Humorgefühl. Nachdem er von der *Isolation* abgezogen worden war, erfolgt der Ruf zur Arbeit mittels eines einfachen Schlages mit Gewehrkolben oder Faust gegen die Metalltür der Zelle und des

Schreis "Sammeln!". Aber aus alter Gewohnheit sagte immer jemand aus der Zelle "Arbajten[22], Viehzeug!". Und ein Lächeln verbreitete sich in unserer ganzen kleinen Gefängnisräumlichkeit. Die
Bewacher mit SS-Leuten zu vergleichen und die *Isolation* selbst mit
einem Konzentrationslager, machte es uns leichter, die Schrecklich-
keiten zu ertragen, die hier tatsächlich begangen wurden. Denn genau in solchen Minuten des *Isolations*-Humors erhob uns unser Lächeln über die Bewacher.

Es gab jedoch auch die umgekehrte Seite des Prozesses. Da ich
der einzige war, der zu keinen Arbeiten aus der Zelle geführt
wurde, erzählten mir meine Zellengenossen oft "lustige" Geschich-
ten, die ihnen während der Arbeitszeit in der Fertigungszone der
Fabrik widerfuhren. Und in diesem Moment hörte ich völlig auf,
sie zu verstehen. Der Humor lag aus ihrer Sicht darin, wie genau
Palytch einen der *Erniedrigten* auf einem großen Haufen Konditor-
ware, die die Gefangenen auspackten und in Autos verluden, fast
zu Tode geprügelt hätte. Oder wie einmal ein Gefangener mit eben
dieser abgelaufenen Schokolade am Kopf getroffen wurde, wonach
dieser Vorfall lächelnd über mehrere Tage in Erinnerung gerufen
wurde.

In solchen Minuten schien mir, dass diese Menschen vollkommen vergaßen, an welchem schrecklichen Ort sie sich befanden und
dass ein derartiges "Gelächter" genau dem Szenario der Administration entsprach, die sie heute Nacht ebenso lachend unter die Pritsche prügeln und sich tagsüber als "gutmütig" geben würde. Wenn
ich sie danach fragte, ob sie verstünden, dass man sie in Sklaven
verwandelt hätte, die man fast nicht ernährte und mit deren Händen Metall geschnitten, Munition und Reifen getragen würden,
und dass dieselben Leute sie noch vor Kurzem gefoltert hätten, bekam ich zur Antwort: "Besser wenigstens so etwas Vergessen finden, als tagein tagaus in einer Depression zu sein."

Bei dieser Frage traten ebenso häufig Konflikte auf, weil es unter uns Gefangene gab, die sich freiwillig zur Arbeit meldeten, da

---

[22] "arbeiten" (im Original auf Deutsch) – der zweite Weltkrieg und Zwangsarbeit
haben dieses Wort in Osteuropa allgemein bekannt gemacht. (A.d.Ü.)

sie es nicht aushielten, rund um die Uhr in der Zelle zu bleiben. Egal wie schlecht man sie in der Produktionszone oder während des Baus des Truppenübungsplatzes behandelte, war ihnen während der Arbeit in frischer Luft leichter zumute, als wenn sie rund um die Uhr eingesperrt waren und ständig daran denken mussten, dass ein Ende von all dem nicht einmal in diesem Jahr absehbar war. In solchen Fällen gehörte ich immer zu der geringen Zahl der wenigen, die gegen freiwillige Arbeit für die Administration war. Aber nicht im Mindesten aus Politik oder Ideologie dagegen. Ich verstand, warum Menschen die Arbeit wählten: Wenn sie morgens raus gingen und häufig nach dem Zapfenstreich in die Zelle zurückkehrten, waren sie so erschöpft, dass ihre Beine sie nicht mehr tragen konnten und sie sofort einschliefen. Und am nächsten Tag wiederholte sich alles von vorne: Der Tag verging unbemerkt, während sich bei uns, die wir in der Zelle blieben, jede Minute wie eine Stunde zog. Zudem hörten wir pro Tag eine solche Anzahl von Schreien und Stöhnen, wenn jemand zum Foltern gebracht wurde, dass die Psyche buchstäblich innerhalb von ein paar Stunden bis zum Äußersten erschüttert wurde. Hier muss angemerkt werden, dass nur auf der Arbeit geraucht werden durfte (abgesehen von den Hofgängen), was innerhalb der Zelle streng verboten war und was man sich in den übrigen, gewöhnlichen Gefängnissen überhaupt nicht vorstellen kann. Für viele war dieser Faktor entscheidend bei ihrer Wahl, sich freiwillig für das Verladen von irgendetwas zu melden.

Und dennoch wog für mich die Waagschale mit Folter und Erniedrigungen schwerer als dieses kleine Ventil. Irgendwann konnte ich nicht einmal die Stimmen der Administration ohne Wut und Hass aushalten, konnte den Ort an sich nicht ertragen, gar nicht zu reden davon, diese Leute den ganzen Tag zu sehen oder zu hören oder ein Lächeln als Antwort zu geben. Wenn aber in der Zelle noch jemand war, der früher eingesessen hatte, wurde die Frage, ob man freiwillig für die Administration arbeitete, noch schärfer verhandelt: Nach der *Ponjatija* galt eine solche Arbeit als ein schwerer Verstoß. Deswegen sagte mir einmal ein ehemaliger "Knastvogel":

"Ich habe nie verstanden, wenn die alten Leute in der Zelle über uns lachten und sagten: 'Seid ihr Inhaftierte oder Kriegsgefangene?' Aber jetzt verstehe ich: Die da eilen selbst auf die Arbeit. Ein erfahrener Gefangener wird nie etwas tun, was nicht ihm oder der Zelle Nutzen bringt. Ich gehe zur Arbeit und stehle immer eine Dose Büchsenfleisch oder eine Zwiebel. Wenigstens etwas. Die arbeiten für eine Schale verdorbenen Brei und stehen noch Schlange, damit heute genau sie geholt werden. Natürlich lohnt es sich für sie, so ein Kontingent einzufangen: Sie reparieren kostenlos Autos, tragen Autoreifen, füttern die Schweine, die Weiber kochen, lutschen nachts Schwänze. Aber wem soll man das hier erklären? Kriegsgefangene, wie unter den Deutschen."

So ließen sich drei Verhaltensmodelle unterscheiden, in Abhängigkeit von der Sicht auf das Leben. Das erste waren einfach Zivilisten, die durch eine Laune des Schicksals gezwungen waren, für die Administration zu arbeiten und ihre Befehle auszuführen. Das zweite waren auch wieder Zivilisten, die in einer derartigen Arbeit wenigstens einen Vorteil sahen und ihren Tag psychologisch entlasteten. Und das dritte waren ehemalige Gefangene, die immer noch versuchten, die Ereignisse am Widerhall der Gefängnis-*Ponjatija* zu messen und es schließlich aufgaben. Aber in jeder Gruppe gab es Raum für Humor, wenn die Worte "Sklavenhalter" und "Sklaven" ihren dunklen Sarkasmus erhielten.

Diejenigen, die früher eingesessen hatten, hatten einen völlig anderen Humor. Zum ersten war es obszöne Sprache. Sie drehte sich um Sex und Genitalien, aber diese Menschen konnten diese Worte in einem solchen Ton und so treffend aussprechen, dass wir uns tatsächlich oft ihretwegen die Bäuche hielten. Zudem war keiner von ihnen je beleidigt, weil jeder *Besondere* diesen kulturellen Code schon in sich trug. Zum Beispiel war es im besonderen Vollzug noch zu Sowjetzeiten üblich, einander "Wasja" zu nennen. Die Anrede "Hör mal, Wasja" wurde als alltäglich und nicht beleidigend wahrgenommen, obwohl ein Gefangener natürlich ganz anders heißen konnte. Das wurde unter anderem deswegen so gehandhabt, damit die Administration während einer Unterhaltung der Gefangenen über Zellen hinweg nicht verstand, wer sich mit wem unterhält. Außerdem wurde dieser Vorname in Gegenwart von Unbekannten oder Leuten, denen man nicht vertraute, benutzt.

In der *Isolation* führte ein derartiger Ansatz allerdings einige Male zu Konflikten, weil ein gewöhnlicher Zivilist das an ihn gerichtete Wort "Wasja" als Spott empfand, worauf diejenigen mit früherer Hafterfahrung einfach abwinkten. Sie waren in der Minderheit und verstanden, dass die Gefängnisregeln, die sie gelernt hatten, an diesem Ort schon lange nicht mehr griffen, sodass sie einfach zu überleben versuchten, wie alle.

Als Beispiel für den Humor kann man die Worte eines *Besonderen* herausstellen, die er seinem Pritschennachbar aus den Reihen der Zivilisten fast täglich sagte: "Hör mal, kannst du für einen Tag abkratzen? Einfach so, es geht nicht um das aufregende Erlebnis – wenigstens bis morgen? Ich kann deine Fresse nicht mehr sehen." Oder etwa eine weitere Floskel, die dieser Mensch einmal an einen anderen Zellengenossen richtete, der vor kurzem eine Krankheit durchgemacht hatte, als dieser seinen Teller für das Abendessen durch die *Futterluke* reichte: "Hör mal, dieselben Teeblätter immer wieder aufgießen bringt nichts, also echt. Hast du dich im Spiegel gesehen? Dir bleiben hier nur ein paar Tage, so is' es, das lässt sich aus den Reserven bestreiten. Lass die, die laufen können, essen, die Liegenden liegen auch so." Mir fällt es schwer einzuschätzen, wie ein derartiger Wortwechsel bei der Lektüre wahrgenommen wird, aber, ich wiederhole mich, hier wurden solche Worte ohne Bösartigkeit und so passend ausgesprochen, dass sie immer sogar denjenigen unterstützten, an den sie gerichtet waren.

Im Endergebnis entwickelte sich bei allen Bewohnern der *Isolation* ein hier eigener und einzigartiger Humor, der wahrscheinlich nur für uns verständlich ist. Ja, vieles von diesem Humor wurde aus einer einmal ironisch hingeworfenen Bemerkung eines Gefangenen geboren, der ein Staatsbürger Russlands war und die Administration gebeten hatte, ein offizielles Auskunftsersuchen zu ihm an die Russländische Föderation zu richten. Woraufhin er die kurze Antwort erhielt: "Wir sind nicht anerkannt. Wir können keine Anfragen irgendwohin schicken."

Nach einiger Zeit, die er sich schweigend in der Zelle von Ecke zu Ecke bewegt hatte, blieb er plötzlich stehen und sprach. "Nicht anerkannt ... Nun, dann sagt es doch so: Nach den Gesetzen Simbabwes, Stamm Lumumba, wird der SoundSo zum Verbrennen auf dem Scheiterhaufen verurteilt." Nach diesen Worten fingen wir an, die Administration und das ganze "Ministerium für Staatssicherheit" als wilden Stamm zu sehen, der mit Speeren statt Maschinengewehren herumläuft und Leute foltert.

Es gab eine Zeit, in der wir überhaupt kein Essen erhielten – in der *Isolation* gab es kein Essen mehr und nach einigen Tagen verschwand sogar das Brot. Auf das Magenknurren eines Zellengenossen sagte ein anderer von uns: "Was quengelst du? Jetzt werden sie einen Tiger fangen und du wirst ihm als erster vorgeworfen, weil es für dich schon keinen Unterschied mehr macht. Wenn du abkratzt, kratzt du ab. Und wir dann schon später." Oder zum Beispiel: "Was willst du in Freiheit, wenn du im Restaurant wieder einen starken Schwarztee bestellst?" Einer schlug sogar vor, nach der Befreiung ein Café *Isolation* zu eröffnen – in irgendeinem Keller, in dem die Kellner Masken und Tarnkleidung tragen und für die Besucher auf Metalltüren schlagen und "Viehzeug, schneller!" schreien würden.

Kleine Feinheiten, die nur wir verstanden und die uns zu überleben halfen, sogar an hungrigen Tagen. Und abschließend: An einem dieser Tage reichte mir wieder dieser *Besondere* sein aufgespartes Stück Brot, das letzte, das er hatte. Gereicht mit den Worten: "Journalisten sind seltene Dreckskerle. Aber dich muss man bewahren. Uns wird keiner hören, du aber wirst von allem erzählen können."

War das ein Scherz? Ich weiß nicht ...

Kapitel 18: Wer sind diese Menschen?

Ich möchte nicht, dass wir das Etikett "Sadist" zu voreilig denjenigen anhängen, die die Menschen in der *Isolation* erniedrigen. Zweifellos verdient es der Großteil von ihnen und es sind klassische Psychopathen und Sadisten, die nicht zu Empathie gegenüber fremdem Leiden in der Lage sind. Genau die Unfähigkeit, Mitgefühl für fremden Schmerz zu empfinden, gab diesen Leuten die Möglichkeit, jahrelang rund um die Uhr Menschen zu foltern, danach von der Schicht zu ihren Familien heimzukehren, außerhalb der Mauern der *Isolation* ein vollkommen normales Leben zu führen – und am nächsten Tag wieder zu foltern. Interessanterweise äußerte sich über diesen Typ Menschen einmal sehr treffend einer derjenigen, der mich in Donezk festgenommen hatten, als er mich am zweiten Tag nach der Folter für ein erneutes Verhör aus dem Keller holte. Auf meine damals noch naive Frage "Was machen Sie hier mit den Leuten?" lächelte dieser Mensch und antwortete: "Denkst du etwa, ein normaler Mensch kann einen Draht an einem Penis anlegen, jemanden vier Stunden am Stück foltern und dann zu seiner Ehefrau zurückkehren und ruhig zu Abend essen? Ich zum Beispiel kann es nicht. Deswegen haben wir spezielle Leute, die dazu in der Lage sind. Irgendwer muss auch diese Arbeit machen." Dieser Mann folterte mich tatsächlich nicht eigenhändig, er schlug nur mit dem Gummiknüppel zu; er war allerdings bei meiner Folter dabei und achtete aufmerksam auf die Antworten.

Und doch ist "Sadist" und "Psychopath" nicht die Antwort auf die Frage. Ich meine damit, dass wir nicht von Menschen sprechen, die wegen ihrer Geistesstörung und Aggressionen hinter gepolsterten weißen Wänden vor der Gesellschaft weggeschlossen wären. Nein, wir reden von Menschen, die vor diesem Krieg über dieselben Straßen liefen wie wir, in derselben Schlange nach Brot anstanden oder uns vielleicht zufällig im öffentlichen Nahverkehr mit der Schulter angerempelt haben. Von Menschen, die auch jetzt über diese Straßen laufen, ohne Sturmhauben, und nicht erkennen lassen, dass sie gestern jemanden gefoltert haben. Deswegen erklärt das Etikett "Psychopath" die Situation nicht und stellt das Etikett "Mensch" in Frage. Sind das Menschen? Zweifellos ja. Genau die Offensichtlichkeit der Antwort erschreckt, von der man sich nicht mit einer Hinweistafel "Er ist ein Psychopath" abgrenzen kann.

Im Verlauf unserer Geschichte existierten und existieren Hunderte solcher *Isolationen* auf der ganzen Welt, wo unbegrenzte Macht auf sehr engem Raum den einen die Möglichkeit gibt, sich am Leid der anderen zu ergötzen. Und hierbei geht es nicht um Politik oder Ansichten. Es hat nichts Politisches, die Insassen einiger Zellen aufstehen und stundenlang sowjetische Lieder singen zu lassen, während gegenüber jemand gefoltert wird. Warum macht man das? Damit die Gefangenen die Schreie nicht hören? Sollte es nicht klar gewesen sein, dass sie jemandem elektrischen Strom durch den Körper jagen? Das ist absurd. Sobald jeder von uns hörte, wie in der ersten Zelle mit dem Singen von Liedern begonnen wurde, wussten wir, dass sie jetzt jemanden foltern würden. Der Effekt war gegenteilig: Jedes Lied brachte den Reflex der Angst mit sich und die Administration kalkulierte genau mit diesem Effekt. Das geschah nicht wegen der "Staatssicherheit", aufgrund der Merkmale Nationalität oder Religion; das geschah mit Militärangehörigen, LKW-Fahrern, Geschäftsmännern und Ärzten – das geschah mit allen. Einfach so.

Ein anderes Beispiel. Ein Mensch wurde über Stunden gefoltert, wonach er alles unterschrieb, was von ihm gefordert worden war. Das war jedoch zu wenig. Nach der Folter führten sie den jungen Mann in die Zelle, zogen ihn nackt aus und schalteten Musik auf dem Handy ein, zu der er vor einer Videokamera für die Administration tanzen musste.

Hier ist die Rede von der Natur des Menschen selbst, so es eine solche überhaupt gibt. Erkennen diese Menschen, dass sie eine Grenze überschritten haben? Ich bin davon überzeugt. Es ist eine Sache, zu foltern und zu erniedrigen, und eine ganz andere, sich selbst in diesem Spiegel der Folter zu sehen und zu verstehen, wie du gehandelt hast. Ich führe ein kurioses Beispiel an. Buchstäblich ein paar Wochen vor meiner Verlegung aus der *Isolation* ins Donezker Gefängnis wurden wir vom morgendlichen Hofgang zurück in die Zelle geführt. Ungefähr zehn Leute kamen zurück und die Tür wurde uns von genau demjenigen geöffnet, der ein Jahr zuvor meine Manuskripte eingezogen und einige recht zurückhaltende kurze Essays über die *Isolation* gelesen hatte, in denen es um die Psychologie der Gefängniswachen und der Gefangenen ging. Von uns ganzen zehn – und unter uns waren auch ehemalige ukrainische Soldaten, denen gegenüber diese Menschen einen besonderen Hass empfinden mussten – wandte dieser Mensch sich nur an mich: " Aseyev! Wann muss ich dich hier endlich nicht mehr sehen?"

Warum rief ausgerechnet ich, ein Journalist, bei ihm Gereiztheit hervor? Für mich ist die Antwort offensichtlich: In meinem Blick sah er sich selbst. Nachdem er auf diesen Blättern meine Gedanken darüber gelesen hatte, spiegelte er sich selbst darin jedes Mal wider, wenn sich unsere Blicke trafen. Er verstand, was genau ich über ihn und seine "Arbeit" dachte, sogar wenn ich schwieg. Natürlich ist hier nicht die Rede von Gewissensbissen oder etwas Ähnlichem. Wenn das möglich gewesen wäre, hätte sich die *Isolation* selbst für die Administration in Folter verwandelt. Eher kann man von einem sozialen Spiegeleffekt sprechen, wenn – wie Sartre schrieb – der Mensch sein "Ich" lediglich im Blick des Anderen entdeckt. Nur im bewussten Blick dessen, den man foltert, kann man sich selbst in der Qualität des Folterknechts entdecken. Nicht in den Schreien, dem Stöhnen, dem Flehen – an solche Dinge sind diese Menschen gewöhnt. Aggression ruft genau ein solcher "Spiegel" hervor, so als würden Sie plötzlich bemerken, dass Ihre ganze Kleidung schmutzig ist. Deswegen also können Psychopathie und Neigung zum Sadismus diesen Menschen nicht die Freiheit nehmen, aus der die Verantwortung für diese Taten geboren wird, ausgelöst einzig durch einen ruhigen Blick auf sie. Darin verbirgt sich aber auch der Grund, weswegen man sie nicht als Reaktion foltern darf. Nicht die moralische Seite, nicht die Verantwortung vor Gott oder dem Gesetz – sondern vor allem dieser Blick, der sofort verschwinden wird, muss uns davon abhalten.

Kapitel 19: Seltsame Umfrage

In der Philosophie ist eines der Schlüsselprobleme das, inwieweit die Sprache der Realität angemessen ist, die sie zu vermitteln versucht. In anderen Worten, inwieweit der durch die Sprache beschriebene Raum der Dinge, Gefühle, Beziehungen ihnen selbst entspricht. Das trifft auch für die *Isolation* zu. Einer der wenigen Zellengenossen, mit dem ich mir im Verlauf der ganzen Gefangenschaft hinreichend offene und professionelle Gespräche erlauben konnte, sagte mir einmal:

"All die Phrasen, die sie auf der Kyjiwer Seite für uns bereithalten – insbesondere 'wir verstehen' – all das ist vollkommener Blödsinn. Die ganzen Psychologen mit ihren Formularen und Handbüchern: Das ist für die Front, das ist für die Gefangenen ... Ich war nicht an der Front, aber ich war unter Beschuss. Ich war nicht im Gefängnis, aber bin schon ein Jahr hier. Tatsächlich kann niemand verstehen, wie es hier war, wenn er nicht selbst hier gewesen ist. Du zum Beispiel kannst eine Million Interviews geben und wirst trotzdem nicht einmal dieses Gespräch und seine Atmosphäre beschreiben können, du wirst nicht vermitteln können, dass dieser Abend nicht so ist wie irgendwo sonst. Es ist klar, dass wir hinter Gittern sind, es hier Türen, Schlösser gibt. Davon spreche ich nicht. Ich spreche von dem Gefühl, dass sich diese Tür jeden Moment öffnen kann und du weggeschleppt wirst, nicht wissend wohin, nicht wissend wofür. Wie vermittelt man dieses Gefühl? Wie erklärt man den Menschen auf der anderen Seite, wie es hier war? Ich weiß nicht, wie es für dich ist, aber mir kommt es manchmal so vor, als wäre es nach der Befreiung besser, einfach zu schweigen und keine Interviews zu geben – um die Menschen nicht zu verwirren, um uns nicht in Schubladen zu stecken."

Natürlich erinnere ich mich nicht wörtlich an das ganze Gespräch, aber der Sinn lag genau in diesen Worten. Und genau deswegen schrieb ich am Anfang dieses Buches, dass ich auch jetzt noch nicht wisse, ob ich die richtigen Worte finden werde. Ich verstehe dieses Problem. Genauso wie ich verstehe, dass sogar Menschen, die die *Isolation* hinter sich haben, mit mir in vielen Bewertungen nicht übereinstimmen werden, da auch eine gemeinsame Zelle von jedem von uns aus unterschiedlichen Perspektiven gesehen werden konnte. Wir sind im engen Raum unserer persönlichen Erfahrung eingesperrt, doch in ihm liegt die Unendlichkeit. Ich werde meinem Freund nie erklären können, was ich in diesem Moment fühle, ebenso wenig kann er seine Sorgen über die *Isolation* mir, der ich mit ihm in der gleichen Zelle stehe, mitteilen. Unsere Sprache ist zu arm und jede Emotion wäre eines ganzen Wörterbuches wert.

Deswegen versuche ich öfter, die Realität dieses Ortes anhand von Ereignissen und Emotionen der Gefangenen zu vermitteln und dem Leser die Möglichkeit zu lassen, durch die gelesenen Worte eigene Empfindungen in seiner warmen Wohnung zu entwickeln. Jetzt möchte ich noch eine kurze Episode anführen, die zeigt, wie sehr wir alle von diesem Ort verschluckt worden waren, wie das Wort "Müdigkeit" mit jeder Sekunde des Aufenthalts hier verwachsen war.

Es geschah während des Frühstücks, in einer Zeit, in der es in der *Isolation* quasi kein Brot gab und als Essen Abfall ausgegeben wurde, dessen Reste nicht einmal ein Hund fressen würde. Alle schöpften sich volle Schalen, weil sie andernfalls die *Futterluke* gar nicht öffneten, aber jeder knabberte nur sein "Servietten"-Brot vor sich hin. Heute gaben sie je ein Stück aus (ungefähr 20 Gramm), so dünn geschnitten, dass man seine Handfläche hindurch sehen konnte. Den Großteil der alten Insassen hatten sie zu diesem Zeitpunkt von hier bereits auf Lager oder Gefängnisse verteilt, sodass ich jetzt am längsten in der *Isolation* saß – das dritte Jahr. Es gab ein paar Leute, die sich hier über ein Jahr befanden, die übrigen nicht länger als ein, zwei Monate.

Und da sagte einer von uns plötzlich in das absolut niedergeschlagene Schweigen am Tisch hinein:

"Ich gäbe mein Leben dafür, dass wir hier alle von einer 'Grad'-Rakete getroffen werden. Einfach vom Angesicht der Erde gewischt werden, zusammen mit diesen Prostituierten hinter der

Wand, zusammen mit diesem beschissenen Servietten-Brot, der Schale Abfall und allen, die für uns diese Schlösser öffnen. Für alles, für alle Schicksale, die sie hier gebrochen haben, würde ich auch mein Leben geben, wenn sie uns nur alle hier begraben würden. Hier gibt es schon niemanden mehr zum Bemitleiden oder zum Verzeihen. Alles auf null, und die Erde mit Salz bestreuen, sodass hier noch hundert Jahre lang nichts wächst."

Diese Sätze wurden im Sommer ausgesprochen, in einer Zelle mit Klimaanlage und Toilette. Wo unter dem Fenster liebreizende weibliche Gefangene die Blumenbeete der Administration pflegten. Diese Sätze unterbrach niemand und niemand ergänzte sie, keiner lachte. Wir blickten schweigend auf den leeren Tisch. In diesem Moment wurde niemand gefoltert, in der Zelle gab es erstaunlicherweise weder Verletzte noch wegen Knochenbrüchen Stöhnende. Aber dieser Ort selbst war die Hölle für alle, die verstanden, wovon die Rede war. Nur der Ort, er allein genügte. Also sprach der links sitzende Zellengenosse aus: "Ich auch."

"Würde ich auch", "Ich auch", "Und ich" ... Alle, die am Tisch saßen, einschließlich der neuen "Gäste" der *Isolation*, stimmten an diesem Morgen für den Tod. Hier und jetzt, ohne zu überlegen, waren wir bereit, unser Leben zu geben, wenn diese Umfrage möglich gewesen wäre, wenn es von uns abhängig gewesen wäre, ob die *Isolation* um den Preis unserer Leben existieren sollte oder nicht.

Wenn ich die Worte "Wir verstehen euch" höre, erinnere ich mich immer an diesen Tisch und dieses Frühstück. Und natürlich auch an die Klimaanlage ...

Kapitel 20: Mensch mit Hund

War in der *Isolation* eine menschliche Haltung der Administration gegenüber den Gefangenen anzutreffen? Ja, das kam vor. Das betraf allerdings hauptsächlich Leute, die für einen kurzen Zeitraum hierher zur Arbeit geschickt wurden und sich hier nicht lange aufhielten.

Einer dieser Aufseher etwa kam mit einem Hund zur Schicht, den er von Zeit zu Zeit zu uns in die Zelle oder beim Hofgang bei uns ließ, sodass jeder, der es wollte, diesen Hund streicheln konnte. Für Außenstehende mag das wie eine Kleinigkeit erscheinen, aber glauben Sie: Als ich selbst zum ersten Mal den Hund berührte, bin ich förmlich erstrahlt. So sehr waren gewöhnliche Gefühle schon fest unter Verschluss. Ein Gefangener der *Isolation* – der nicht auf die Straße geht, nicht die Sonne, Bäume, andere Menschen sieht, der rund um die Uhr in Schock und Vakuum lebt – kann sogar durch den einfachen Umgang mit einem neuen lebenden Wesen, das zudem frei von innerem Schmutz ist, eine enorm tiefe Katharsis erfahren. Allein die Möglichkeit, einen Hund zu streicheln, rief bereits unglaubliche Freude hervor, als wäre es für eine Sekunde wieder so wie vorher, als wären wir wieder Menschen, und nicht "Arschlöcher" und "Päderasten", wie uns die übrigen Bewacher hier nannten. Manchmal versuchte er, uns mit einem Scherz zu unterstützen – und einmal sagte er seinem Hund, dass, falls der noch einmal ungefragt zu uns liefe, er "sich seine Pritsche aussuchen könnte". Selbst ein gewöhnliches "Guten Morgen, wir gehen auf Hofgang" klang für uns, die wir an Schläge und Flüche gewohnt waren, schon angenehm ungewohnt.

Außerdem führte uns das Herrchen des Hundes in seiner Schicht manchmal selbst auch zu abendlichen Hofgängen und fügte den fünf Minuten morgendlicher Runde noch zehn Minuten hinzu. Genau auf so einem Abendspaziergang sah ich zum ersten Mal seit einem halben Jahr den Sternenhimmel und der Mond brachte mich in komplette Verzückung. Während die anderen in der Ecke rauchten, sah ich durch den Stacheldraht auf die in der

Kälte blinkenden Sterne und dachte an den geliebten Menschen. Vielleicht sieht sie jetzt auch irgendwo auf denselben Himmel und denkt an mich. Egal wie sehr wir Feinde sein mögen, ich bin diesem Menschen mit Hund dankbar für das Menschliche, das er mir in solchen Minuten zu fühlen gab – vielleicht ahnte er selbst dabei gar nicht, welch einen Dienst er mir tat.

Und davon, dass er es nicht ahnte, bin ich überzeugt. Das wurde bei einer weiteren morgendlichen Ausführung klar. Die Raucher standen wie immer beim Mülleimer in der Ecke, während die wenigen Nichtraucher, einschließlich mir, sich am Zaun auf-reihten und auf die Spitzen der Pappeln am benachbarten Weg schauten. Dieses Bild war das einzige Vergnügen für die Augen; denn von der anderen Seite blickte der düstere Beton der Ferti-gungszone auf uns. Es gab auch einen praktischen Zweck für dieses Studium der Pappeln: In der Zelle waren alle Objekte in der Nähe, wodurch die Augen mit der Zeit zu schmerzen und die Sehkraft nachzulassen begannen. Die Möglichkeit, auf die entfernten Wipfel der Bäume zu schauen, bot den Augen nicht nur Entlastung, son-dern lenkte auch die Seele ab, die sich an etwas Lebendigem er-freute. Genau in so einem Moment kam dieser Mann mit dem Hund zu uns, stellte sich in eine Reihe mit uns und sagte scherzend: "Was schaut ihr da jeden Tag an? Die Drohnen etwa?"

Ja, er hätte es eindeutig nicht verstanden, hätte ich ihm auch noch von den Sternen erzählt ...

Kapitel 21: Todeserfahrung und Freiheit

Am wenigsten möchte ich, dass diese Gedanken als Apologie für Suizid verstanden werden. Suizid ist etwas Konträres zu dem, was ich ausdrücken möchte. Und doch eröffnet in einer Situation, in der alles weggenommen wurde und der Mensch einem kleinen Raum von wenigen Quadratmetern mit einer zeitlichen Perspektive von einigen Jahren ausgeliefert ist, die Frage nach der Bereitschaft zum Tod das echte Wesen der Freiheit. Nicht der Tod, sondern die Bereitschaft, aus eigenem Willen aus dem Leben zu scheiden, schenkte mir sogar im Keller Ruhe und ein Lächeln, als ich zum ersten Mal ernsthaft darüber nachzudenken begann. Der Gedanke daran, dass das Recht auf den Tod wegzunehmen sie nicht einmal hier in der Lage sind, wo sie bei der abendlichen Durchsuchung zwischen nackten Wänden und aus den Schuhen herausgezogenen Schnürsenkeln sogar die Fetzen eines alten Kalenders auf dem Boden einsammelten, erfüllte mich mit einem inneren Licht, so als wüsste ich etwas, was die Henker nicht begreifen könnten.

Ein Gespräch über die Erfahrung des Todes ist wie sich auf den eigenen Schwanz zu treten: Es scheint ein Oxymoron zu sein. Tod kann keine Erfahrung sein, wenn man sich der Frage von der formellen, diagnostischen Seite nähert. Zudem gibt es Leute, die in der *Isolation* wesentlich näher am Tod waren als ich. Einen von ihnen führten sie zum Beispiel einmal "zur Erschießung" und feuerten eine Maschinengewehrsalve über seinem Kopf ab, während sie ihn gegen die Wand drückten. Ich sage immer, dass das Ergebnis in solchen Fällen keine Rolle spielt, da es in diesem Moment völlig mit dem Gefühl verschmilzt. Mit anderen Worten, wenn ein Mensch überzeugt ist, dass er jetzt erschossen wird, dann stirbt er nach dem Druck auf den Abzug psychologisch – mit der ganzen Palette an Emotionen, auch wenn ihn keine Kugel treffen mag.

Zudem konnte man den Zustand eines Gefangenen der *Isolation* häufig als mentalen Tod bezeichnen, mit Atrophierung aller Gefühle, die einem lebendigen Menschen in einem gewöhnlichen,

normalen Umfeld zu eigen sind. Das ist der Zustand dieses psychologischen Tiefpunkts, an dem die Persönlichkeit nicht einmal mehr
an den eigenen Tod zu denken in der Lage ist, weil sie zu elemen-
taren Reflexen getrieben wurde. Aber dennoch geht es bei "Erfahrung des Todes" hier um den Gedankengang, der sich in der Freiheit zur letzten Wahl offenbart, sein Sein zu beenden. Diese Freiheit
ist nicht mit dem Akt des Suizides an sich verbunden, der überwiegend eine psychologische Wahl ist, keine gedankliche, bedingt
durch Depression und andere Gründe. Als ich im Keller des *Kontors*
vorhatte, mich zu töten, war der Wunsch in eine ganze Kette von
Überlegungen objektiviert, deren letztes Glied die Freiheit durch
das Gefühl, dass sie einem nicht einmal hier das Recht auf den Tod
nehmen können, hätte werden sollen. Der Akt des Suizides selbst –
wenn es bis zu ihm gekommen wäre – wäre aber lediglich die
Summe all der Leiden gewesen, die ich in diesem Moment empfand, und auch diesem Gefühl hätte ich mit meinem Tod ein Ende
gesetzt. Darin besteht das Paradox: Freiheit ist ein Sprung in den
Tod, der immer einen Schritt vor ihr kommt. Sie ist nur möglich,
wenn der Mensch unter den Lebenden bleibt. So seltsam ist die Kel-
ler-Dialektik.

Es gibt aber auch die therapeutische Seite dieser Gedanken.
Die Akzeptanz des Suizides als möglichen Ausgang des eigenen
Lebens befreit von der Aufdringlichkeit dieses Gedankens. Wenn
sich ein Gefangener durch den Gedanken an die totale Freiheit das
Gefühl der Kontrolle über das eigene Leben zurückholt, geht der
Selbstmord wie durch eine Art Filter und trägt nicht mehr die negative Last, die der Gedanke daran in einem gewöhnlichen Umfeld
hervorruft. Darin liegt ein weiteres Paradox: In den kritischen Bedingungen in der *Isolation* befreite mich die Bereitschaft zum Tod
von seiner realen Notwendigkeit – und brachte Seelenfrieden. Der
Charakter der Argumentation war hier ungefähr wie folgt: Ja, ich
kann nichts beeinflussen, aber ich kann alles zugleich in jedem beliebigen Moment beenden – womit eine nicht von mir abhängende
Situation quasi wieder unter meine vollständige Kontrolle kam.
Zum Teil verbirgt sich darin auch ein Selbstbetrug, weil eine derar-

tige Situation – solange sie nicht vom Licht eines zukünftigen ewigen Lebens erhellt wird – an die ausweglose Situation eines Schachspielers erinnert, der entschieden hat, alle für ihn verheerenden Regeln zu umgehen, indem er die Figuren vom Schachbrett wirft.

Als konkrete Praxis erarbeitete ich im Keller die Visualisierung meines eigenen Todes, an den ich wegen einer Depression immer öfter dachte, da ich verstand, dass ich mich auf irgendeine Art täuschen musste. Ich versuchte mir vorzustellen, was mit mir nach nur einer Minute passieren würde, falls ich das mache, woran ich schon ein paar Wochen dachte. Keine Folter mehr, keine Verhöre, keine kalten Wände, keine Handschellen oder Säcke; da stürzt die Wache von ihrem Posten in meine Kellerzelle, aber alles ist schon vorbei. Weiter nur noch Formalitäten: Wie das Problem beheben, das bei ihnen auf dem Boden liegt? Mehr noch, ich verstand, dass das zum Teil kein Selbstbetrug ist. Irgendwo auf dieser Erde gibt es meinen Platz, ein kleiner Fleck von zwei mal anderthalb Metern, der nur auf mich wartet. Vielleicht ist an diesem Platz jetzt ein Haus oder gewöhnlicher Rasen oder ein Spielplatz. Vielleicht ist gerade ein Hund darüber gelaufen oder der Wind hat ein paar vertrocknete Blätter vorbeigeweht. Das ist keine Theorie, das ist die Realität meiner Zukunft, die im klammen Gegenwärtigen von sich schreit. Diese zwei Meter sind für mich unvermeidlich, aber genau sie sind mein Vorteil hier. Ich kann sie selbst und jederzeit ausheben. Was sind Gummiknüppel, Drähte, elektrischer Strom – vor dem kleinen Stück Erde, das mich dennoch eines Tages erreichen wird? Diese Zelle, Wände, Leiden, Folter – sie sind nicht unendlich. Die unendliche Freiheit, die ich empfinde, während ich den Keller wähle und nicht die Glasscherbe in der Hand.

Vielleicht werden mir die offizielle Psychiatrie und Psychotherapie nicht zustimmen und eine derartige Praxis für gefährlich und destruktiv halten. Aber die Hauptaufgabe eines Gefangenen im Keller besteht darin, die kolossale psychische Last abzubauen, die durch Folter, Gedanken an die Nahestehenden und die Ungewissheit seines Schicksal auf ihn eingestürzt ist. Gedanken an den Tod sind in dieser Hinsicht absolut natürlich und kamen allen, mit denen ich mich zwischen den Kellerwänden unterhielt. Deswegen ist das Programm ihrer Umarbeitung in die psychologische Erfahrung des "Sterbens" – als etwas, das gedanklich schon vollzogen wurde – wichtig, damit es nicht in einer realen Schlinge geschieht. Die Einstellung zum Tod als einen Prozess, den Sie in diesem Sinn kontrollieren können, hatte bei mir fast immer einen positiven Effekt.

Ich muss sagen, dass ein derartiger Gedankengang auch für einen Staat berechtigt ist, wenn wir wieder zur metaphysischen, nicht der psychologischen Seite der Frage zurückkehren. Ich spreche von einem Staat, der im Kampf mit einem wesentlich stärkeren Gegner bewusst bereit zum Tod ist. In einem Kampf, in dem das Land auf den ersten Blick keine Chancen hat. Seit den Zeiten der antiken Demokratien bis zur Gegenwart war – die Ukraine eingeschlossen – die höchste Form der Freiheit mit dem Phänomen des Todes verknüpft: des ganzen Staates oder einzelner seiner Teile. Faktisch unterscheidet sich ein Gefangener des Kellers, dem die Chancen, die Situation zu besiegen, geraubt sind, von den alten Griechen, die bereit sind, hier und jetzt zu sterben, nur in der Kollektivität der gemeinsamen Erfahrung. Es ist kein gewöhnlicher Tod, in diesen Fällen ist es immer ein Suizid, wenn die persönliche oder kollektive Erfahrung erkennt, dass die Situation stärker ist als man selbst. Deswegen also stellen die Länder, die Kämpfe für die Freiheit führen, selbst deren höchste Form dar, indem sie dabei ihr Leben aufs Spiel setzen.

Das Problem besteht allerdings in etwas anderem. Die Frage nach dem Tod besetzt jetzt immer noch in etwa das "verklemmte" Podest, das dem Sex noch vor hundert Jahren zugewiesen war. Sogar das Wort "Tod" an sich beinhaltet bereits eine Ablehnung und ruft Unbehagen hervor und den Zwang, sich die äußeren Attribute einer Beerdigung vorzustellen. Dieses offensichtlichste und unvermeidliche Phänomen des persönlichen Lebens wird völlig aus dem gesellschaftlichen Leben ausgeklammert, so wie sich auch der Sex seinerzeit vollkommen in der Sphäre der kirchlichen und persönlichen Tabus befand.

Wie auch immer, das Recht auf den Tod – ohne Verurteilung und Diagnose – ist einer der zeichensetzenden Werte, denen sich unser Denken erst annähert. Dieses Recht kann jahrelang auf den Regalbrettern der Moral verstauben und ohne Nachfrage bleiben. Aber nach der *Isolation* ist für mich offensichtlich, dass darin die Totalität unserer Wahl und die höchste Form der Freiheit enthalten sind, die sogar mich mit einem seligen Lächeln in den Kellertagen beschenkte. Und wenn ich gefragt werde, worin denn die Würde der Menschen in jener Situation bestand, was ich Positives aus diesen Wänden herausgetragen habe, dann antworte ich überzeugt: dieses Lächeln.

Kapitel 22: Nicht in Prag

Mit welchen Gedanken kehrt ein Gefangener der *Isolation* in die Freiheit zurück? Ich betone "der *Isolation*", weil die Summe der Reaktionen der Gefangenen, die die ganze Zeit in Gefängnissen und Lagern waren, eine prinzipiell andere war. Obwohl wir alle aus dem Straflager Makijiwka freigelassen wurden, wohin die Menschen aus unterschiedlichen Orten des Freiheitsentzugs vor dem Austausch gebracht wurden, waren die Gefangenen der *Isolation* bis zum letzten Moment am meisten niedergeschlagen und skeptisch eingestellt – sogar jetzt, einen Schritt vor der Freiheit. Diesen Unglauben daran, dass alles vorbei sei oder jeden Moment enden werde, einen Pessimismus aus Überzeugung, habe ich bei fast allen beobachtet, die durch die *Isolation* gegangen sind, mich eingeschlossen. Interessant ist, dass ich von diesen Menschen fast die längste Zeit dort verbracht hatte – achtundzwanzig Monate. Unter den Kriegsgefangenen gab es Menschen, die sich zum Zeitpunkt unseres Austauschs schon fünf Jahre in Gefangenschaft befanden, aber nicht in der *Isolation* waren. Sie waren oft auch die größten Optimisten, nach einer doppelt so langen Zeit in Gefangenschaft wie wir, und hatten die Lebensfreude bewahrt, selbst nachdem sie in den letzten Jahren ein paar Mal von den Austauschlisten gestrichen worden waren. Es ist nicht verwunderlich, dass wir, die früheren Gefangenen der *Isolation*, sogar mit Reisetaschen in den Händen bei den Übrigen häufig eine gewisse Ablehnung hervorriefen, so als könnten wir uns vorsätzlich nicht darüber freuen, dass wir uns bald auf der anderen Seite der Stacheldrahtzäune befinden würden.

Aber diese "emotionale Abstumpfung" war nicht im Mindesten vorsätzlich. Die ganze Zeit über hatten sie uns überzeugt, dass wir niemand seien, dass es keine Zukunft gäbe, dass die Frauenschreie und nächtliche Folter die einzige Realität wären, die wir verdient hätten. Auf einer tieferen Ebene konnten wir, die wir durch die *Isolation* gegangen waren, tatsächlich nicht daran glauben, dass das einmal vorbei sein würde, obwohl wir untereinander bewusst erörtert hatten, was wir tun würden, wenn wir uns in Freiheit wiederfänden. Ich erinnere mich an ein solches Gespräch buchstäblich einen Tag vor dem Austausch, als ich mich mit einem ehemaligen Zellengenossen aus der *Isolation* in eine entfernte Ecke der Baracke zurückzog, damit uns möglichst wenig Menschen hörten. Ich fragte ihn, ob ihm leichter zumute geworden wäre, als er seinen Nachnamen in der Begnadigungsliste gehört hätte, worauf er antwortete: "Nein, wurde es nicht. Und du weißt selbst, warum." Wir sprachen etwa eine Stunde miteinander und all diese Gedanken kreisten ebenso in meinem Kopf ...

Vielleicht diese Grausamkeit bis an die Grenze führen – und sogar darüber hinaus? Sie brechen Finger – wir werden ihnen die Beine brechen. Sie jagen dreißig Volt durch – wir schicken sie durch hundert. Sie vergewaltigen eine Gefangene – wir erschlagen jemanden von ihnen. Vielleicht das alles bis zu dem Punkt führen, an dem die ganze Ukraine von einem unendlichen Strom an Grausamkeit überschwemmt wird und in den weltweiten Medien nur noch über uns geschrieben wird? Wenn die "tiefe Besorgnis" unserer Verbündeten sie endlich zwingen wird, die wahre Kälte des Leidens zu fühlen, die aus dem Donbass kommt, wenn es nicht nur einfach weitere Worte geben kann – allein Taten. Vielleicht hatte Palytch in jener Nacht im Keller letztlich Recht, als er den Unsinn verbreitete, er sei Gott, weil er in der Lage sei, alles zu übergehen: Rufe, Schreie und Flehen – und foltern, foltern, foltern, ohne jegliche Rücksicht. Sollte der, der nach allen Maßstäben ein Wesen ist und kein Mensch, etwa Recht gehabt haben, und das ist unsere Realität? Und was ist mit uns? Wir zweifeln, während sie handeln. Wir reden, während sie Drähte anlegen ...

Ich habe bislang niemandem davon erzählt, aber genau mit diesen Gedanken saß ich im Flugzeug, als wir feierlich in die Hauptstadt zurückgebracht wurden. Genau mit diesen Gedanken hielt ich oft Reden über Menschenrechte, ohne bis zum Ende Kraft dafür gefunden zu haben, an das zu glauben, was ich sage. Der Mensch ... Waren es etwa keine Menschen, die uns das angetan haben? Sind wir etwa nicht in einem Anfall von Wut und Rache in der Lage, all das zu wiederholen? "Wenn ich exakt das Gleiche tun

werde, dann wird das dem, was ich durchgemacht habe, wenigstens irgendeinen Sinn geben", diesen Gedanken, nur grob formuliert, hatte ich einmal von einem Verbrecher gehört. Dieses Gefühl
ist absurd, wenn Gefühle absurd sein können. Manchmal hat ein
aus der Gefangenschaft Befreiter die Empfindung, dass er etwas
tun muss, um diese paar Jahre wenigstens mit etwas anzufüllen. In
diesem Sinne passt Rache: Sie ist das erste, das in den Sinn kommt.
Die ersten Tage in Freiheit leben Sie immer noch mit Gewalt, selbst
wenn Sie die allerengsten Menschen um sich versammelt haben –
Sie sind einfach noch nichts anderes gewohnt, das Pendel der Emotionen ist in diesen Jahren von vergiftetem Rost überzogen worden.

Nun, wären diese Gedanken ein Aufruf – ich würde eine neue
Freiheitsstrafe bekommen. Es ist schwer zu übersehen, dass dies
nur eine Krankheit ist, eine Seite unseres Traumas, ein verdrehtes
krankhaftes Bedürfnis nach Gerechtigkeit. Das ist klar. Wir haben
alle diese Bücher gelesen, die uns bis auf die Knochen sezieren. Je
mehr Zeit vergeht, desto mehr verblassen auch solche Gedanken
und hinterlassen nur Asche von Emotionen. Eines Tages wird auch
die verschwinden. Und auch das verursacht ein seltsames Gefühl –
eine Verachtung sich selbst gegenüber. Hast du etwa nicht gewusst,
dass es so kommen würde? Hast du dir etwa nicht tausend Mal
selbst gesagt, als du im Keller warst: "Wage nicht zu vergessen, was
sie den Menschen hier angetan haben?" Die Freiheit macht viele
weich, bringt einen zum Verzeihen, zum Vergessen. Das ist wie der
Schnupfen, den ich mir in der *Isolation* eingefangen hatte, als ich
schon eine Decke hatte – während ich nicht krank geworden war,
als ich mich im Keller noch mit einer Flasche voll Urin gewärmt
hatte.

Es gab eine Zeit, als ich in der *Isolation* – nach einer erneuten
"Folter"-Nacht – den ganzen nächsten Tag mit dem Gedanken he-
rumlief, dass ich nach der Befreiung die ukrainischen Gefängnisse
abfahren würde, wo deren Gefangenen festgehalten werden. Ich
wollte sie einfach anschauen, ohne mich vorzustellen und ohne ein
einziges Wort zu sprechen. Sie also sitzen in einem offiziellen Gefängnis, mit Telefon, Zutrittsmöglichkeit für Rotes Kreuz und

OSZE, bei normaler Verpflegung, niemand vergewaltigt sie, niemand prügelt sie unter die Pritschen. Ihre Verwandten und Nahestehenden können jederzeit vorbeikommen und ihre Söhne sehen. Zu diesem Zeitpunkt hatte ich meine Mutter schon über ein Jahr nicht gesehen – weil ich mich für einen Hungerstreik entschieden hatte, weil ich von einem offiziellen Gefängnis träumte. Einem Gefängnis, nicht in der *Isolation* zu sein – und sie haben mir das Letzte genommen: meine Mutter ...

Ich rief mir all das in Erinnerung, an diesem Tag in der *Isolation*. Erinnerte mich daran im Flugzeug auf dem Weg in die Hauptstadt – manchmal denke ich jetzt daran. Ehrlich gesagt bemühe ich mich jetzt, nicht daran zu denken: Verschiebung ist ein teuflisch schlechter Mechanismus. All das kann mit nichts angefüllt werden. Aber Verdrängen habe ich bereits gelernt. Ich habe bisher für mich keine Antworten auf diese Fragen gefunden, ebenso wenig wie ich eine Antwort auf die Kernfrage gefunden habe. Und für mich geht es dabei nicht im Mindesten um Verzeihen. Ich verstehe vollkommen, dass jemand auf der anderen Seite ebenso denkt. Dieser ist überzeugt, dass nicht ich es bin, der verzeihen muss, sondern dass mir verziehen werden muss. Hier braucht es einen Weltenrichter: diese auf die rechte Seite, diese auf die linke Seite, und wünschenswerterweise schweigend.

Meine Frage an mich ist also eine völlig andere: Wer bin ich? Ein junger Mann in schöner Kleidung irgendwo in Prag, der einen angenehmen Sonnenuntergang über den Ziegeldächern betrachtet und sich erlauben kann, über Humanismus nachzudenken? Oder das in einen Käfig getriebene Donezker Tierchen, das Kilometer vom Gitter zur Tür und zurück abgespult hat, in Gedanken an langsame und qualvolle Rache?

Kleidung und Prag geben keine Antwort auf diese Frage.

Kapitel 23: Weiße Nächte

Der Krieg, wie auch Paris[23], endet nie. Ich habe das erstmalig verstanden, als meine Mutter zu mir nach Kyjiw gereist war. Es war erst eine Woche seit meiner Befreiung vergangen und ich sah den Menschen, den zu treffen ich all die Jahre geträumt hatte. Aber schon bei den ersten Umarmungen verstand ich, dass etwas mit mir nicht stimmte. Die Sehnsucht nach der Mutter hatte mich in Gefangenschaft auf links gedreht. Besonders als ich begriffen hatte, dass sie immer noch nichts vom Keller wusste und mich in Krankenhäusern und Leichenschauhallen suchte. Und ich sehe sie also: müde und erschöpft, aber glücklich, weil ihr Sohn endlich in Freiheit ist. Sie streckt die Arme nach mir aus und umarmt mich. Ich umarme sie ebenfalls und in diesen Umarmungen liegen Jahre der Tränen, schlaflose Nächte, Illusionen, Gebete, hunderte Taschen mit Essen, die Mutter mit Mühen hauptsächlich für die Aufseher brachte – bei uns kamen nur Krümel an. In diesen Umarmungen liegt auch Freude, dass all das vorbei ist: Hier ist es, das neue, glückliche Leben. Aber ich habe ein seltsames Gefühl, fast Widerwillen gegen diese Tränen. Mit jedem Tag wächst dieses Gefühl mehr und verwandelt sich in eine Art Wut. Jetzt belastet mich die Aufmerksamkeit. Ich verstehe nicht, wie man fragen kann, was ich heute zum Frühstück hatte – nachdem Drähte an mich angelegt worden sind. Ist das etwa eine Frage? Ich habe in den Kellern überlebt und kann mir jetzt ein Spiegelei braten. Ich sage das der Mutter, was Tränen der Kränkung hervorruft. Sie versteht nicht, warum ich ihr gegenüber so kalt bin. Anfangs kann ich das auch selbst nicht verstehen. Was geschieht? Jetzt ist doch schon "alles gut" – oder nicht?

Um diese Frage zu beantworten, muss man wie bei einem Puzzle das ganze Bild zusammensetzen. Einige Tage vor dem Treffen mit Mama wurde ich aus dem Sanatorium, wohin wir alle direkt nach der Rückkehr gekommen waren, nach Kyjiw gebracht.

---

[23] "There is never any ending to Paris and the memory of each person who has lived in it differs from that of any other." Zitat aus Ernest Hemingway: *A Moveable Feast* (A.d.Ü.)

Ich weiß nicht, wie man dieses Bild besser zeichnen kann, aber wenn du aus dem Tageslicht in das Halbdunkel einer Kirche trittst, brennen die Kerzen an der Wand besonders hell. Später gewöhnst du dich an sie, an die gedämmte Beleuchtung, beginnst, die Gegenstände zu sehen, das Kruzifix ... aber direkt am Anfang brennen nur die Kerzen, zuerst siehst du nur sie. So "brannten" für mich die Häuser.

Kaum waren wir aus dem Waldgebiet heraus- und in die Stadt hineingefahren, als ich den Blick nicht von den gewöhnlichen Hochhäusern abwenden konnte. Es war fast Abend und in einigen von ihnen leuchtete schon Licht und die ganze Stadt stand da wie ein Weihnachtsbaum, zu dem man ein Kleinkind gebracht hatte, damit es staunt. Ich fühlte mich fast schwachsinnig und absolut glücklich, obwohl die Augen durch so eine Vielzahl von Objekten rundum einen physischen Schmerz erlitten. Das war der Höhepunkt meiner Euphorie. Im Weiteren, den heutigen Tag eingeschlossen, werde ich mich emotional nach unten bewegen. Es werden keine Abgründe plötzlicher Depressionen sein, die vorkamen, während ich in Gefangenschaft war. Alles war schwieriger geworden. Die Geschmeidigkeit der Bewegungen, Schritt für Schritt gehen Sie förmlich eine Treppe hinunter, deren Ende jetzt noch nicht zu sehen ist. Irgendwo ist es, das ist gewiss, aber während Sie darüber nachdenken, schaffen Sie es, noch einen Schritt zu machen.

Ich habe die Idee des christlichen Paradieses nie verstanden. Mir schien es unmöglich, solange du weißt, dass nebenan jemand im Feuer brennt. Werden wir uns etwa im göttlichen Licht räkeln, während wir wissen, dass ein Teil unserer Nächsten oder Freunde zu ewigen Qualen verdammt ist? "Live together, die alone" – so lautet normalerweise die Glücksformel für die, die die gestrigen Freunde zum Sterben möglichst weit aus dem Bereich der Lebenden wegschicken. Genau deswegen bin ich überzeugt, dass es für die Verwandten der Gefangenen schwieriger ist als für uns. Wie oft habe ich mich im Keller mit dem Gedanken daran beruhigt, dass alle meine Nahestehenden es jetzt warm und komfortabel haben, und mein geliebter Mensch weit weg ist, ihr nichts droht. Es reicht, sich nur vorzustellen, dass jemand von ihnen hier gewesen wäre und ich in Freiheit; da wird dieser Gedanke schon von dem Schrecken verdrängt, den er nach sich zieht. Ich weiß nicht, wo man in sich die Kraft finden kann, um Jahre mit dem Gedanken zu leben, dass du in einem warmen Bett einschläfst, während deine Mutter oder dein Sohn vielleicht auf einer Matratze auf einem Betonboden schlafen.

Ich erinnere mich, wie einer meiner Pritschennachbarn, ein tiefgläubiger Mensch, sich fortwährend bemühte, mich zu überzeugen, dass die Geschehnisse hier unsere Strafe für unsere Sünden seien. Jedoch hört man von Gläubigen immer ungefähr dasselbe. Ich wollte ihn immer fragen, warum dann die ganze Welt noch nicht in der *Isolation* sei oder wofür der kleine Sohn des Menschen gegenüber in der Ecke litt, wenn er fragte, wohin sein Vater für ein ganzes Jahr verschwunden sei. Aber für diese Fragen war es schon zu spät, unter Mühe nickte ich schweigend mit dem Kopf. Egal, wie man diese Situation rechtfertigt – es wird nur schlimmer, durch Bewegungen im Sumpf gerätst du nur näher zum Grund.

Deswegen verstand ich meine Mutter gut. Ich konnte nicht greifen, was sie in den ganzen Jahren gefühlt hatte. Sie, die im ersten Monat meines Arrests zehn Kilogramm Gewicht verloren hatte. Aber ich verstand ihre Tränen jetzt, als "schon alles vorbei war". Ebenso wie ich verstand, dass noch nichts vorbei ist.

Ich erinnere mich, wie ich eine Woche nach meiner Befreiung zum ersten Mal in die Kyjiwer Metro hinabstieg. Das war ein Schock. Nicht nur, weil ich mich in einem endlosen Menschenstrom wiederfand nach über zwei Jahren Aufenthalt in einer kleinen Zelle, in der ich Monat für Monat dieselben Männer sah. Ja, junge Frauen zu sehen, lächelnd und sorglos – das war schon ein Ereignis. Aber als ich in den Waggon einstieg, widerfuhr mir möglicherweise das, was Buddhisten Satori nennen – nur umgekehrt. Ich ging zur Tür und sah neben mir eine junge Frau, die auf ihrem Telefon scrollte, eine Seite mit Kinderkleidung nach der anderen. Ich betrachtete sie aufmerksam, ihren Gesichtsausdruck, leicht lächelnd und sorglos, dann blickte ich mich im Waggon um – und ich verlor die Lust am Leben.

Ich verstand plötzlich, dass unsere Erfahrung niemandem bekannt ist, mehr noch – nutzlos ist. Denn die Menschen wollen kein
Leben, das von Folter und Keller bestimmt wird, sie müssen ihr
kleines Kind anziehen. Mir schien auf einmal, dass diese ganzen
Jahre der Schreie und des Stöhnens sich in ein spöttisches Grinsen
ausweiteten, zu dem dieser Waggon geworden war.

Das dauerte an, bis ein Soldat in ihn einstieg. Als ich ihn sah,
einen mir völlig unbekannten jungen Mann in Tarnkleidung,
wurde der ganze Waggon förmlich schwarz-weiß, und farbig blieb
nur dieser Bursche. Er wurde zur einzigen Verbindung zwischen
mir und der vorerst fremden Stadt – einzig, weil er Tarnkleidung
trug.

Jetzt, einige Monate später, ist alles anders. Der hervorge-
wölbte groteske Waggon, den man lesen konnte, wie Blinde mit
den Fingern Texte lesen, ist verschwunden. Jetzt hat sich das Relief
aufgelöst. Ich betrachte diese Menschen und sehe sie nicht mehr.
Ich bin selbst mit ihnen verschwommen, bin zu dieser Masse geworden, die still und schweigend alle Geräusche und Schreie dieses
Kriegs verschluckt – als wären sie die weißen Wände einer Psychiatrie. Ich sehe die Seltsamkeit nicht mehr, in der Metro zu lesen
oder im Telefon Fotos von Babywindeln durchzublättern. Obwohl
ich wie früher weiß, dass auch jetzt hunderte Menschen in Kellern
sitzen. Und jetzt, wie auch früher, foltern sie jemanden. Ich weiß es,
aber das Gefühl ist verschwunden. Der Schock aus den ersten Wochen und die Gedanken daran, dass alle schlafen, ist vorüber. Und
wie hell hat dieser Waggon "gebrannt", als ich ihn zum ersten Mal
nach der Gefangenschaft betrat! Die Mimik, die Gesten, die Details,
die Nuancen – ich habe alles an der Schablone der Kellertische ab-
geglichen. Und alles hat die Prüfung am Keller als Maßstab nicht
bestanden, es ist unbedeutend und winzig. "Weißt du denn überhaupt?" Und jetzt: Weiß ich selbst es? Und muss man es wissen?
Mit dem leben, was dir den Schlaf raubt ...

Ich schlafe auch so übrigens fast nicht – nach dreißig Monaten
Schlaf unter dem Licht einer brennenden Glühbirne, die man nicht
ausschalten kann, kommt der Schlaf in der Dunkelheit erst gegen
Morgen, mit dem Morgengrauen. Ich hatte früher nie über das

nächtliche Licht in jemandes Fenster nachgedacht, ich dachte nicht, dass es etwas anderes als gewöhnliche Schlaflosigkeit bedeuten könnte. Allmählich beginnst du, dieses Zimmer selbst zu fürchten, füll es mit einer ganzen Welt an, du wirst trotzdem allein darin sitzen. Weiße Nächte sind nicht immer Geografie, manchmal kommen sie mit dem Krieg.

Und der Kühlschrank ... Sozusagen die Überreste des Syndroms: Egal, wann du ihn öffnest, immer quält der Gedanke, dass alles verschwinden könnte, verloren gehen. Finde ich mich plötzlich erneut für Jahre im Keller wieder? Wieder zwei Stück "Servietten"-Brot (wegen seiner Durchsichtigkeit und Dünne), wieder verdorbener Brei, Gefängnisfraß ... Unmöglich? Spulen wir zurück und erinnern uns: Was habe ich getan, eine Stunde bevor ich für fast eintausend Tage in das Unmögliche schritt? Frühstück: Quark, Rosinen, Saure Sahne. Eine warme Badewanne, angenehme Musik und ein neues Parfüm. Ein gewöhnlicher Maimorgen – keine Zeichen des Schicksals, keine bedrohlichen Hinweise darauf, dass du diesen Quark nicht eher als in ein paar Jahren wieder probierst.

Das ist die Angst. Aber nicht die Angst vor dem Keller. Ich bin so weit im Normalzustand angekommen, um zu verstehen, dass ich nicht ihn fürchte. Furcherregend ist das Absurde – die Ungewissheit, das Fehlen eines Sinns, der wenigstens diese Kluft von der Länge einer Stunde erklären könnte: aus der weißen, warmen Wanne – zu dem kalten Gitter und den verblichenen Wänden. Es war ja nur eine Stunde vergangen, und das Leben hatte sich für fast drei Jahre geändert. Das sind die Gedanken, die Sie von innen auffressen.

Nach der Befreiung habe ich nachts einige Male geweint – sogar geheult, obwohl ich mich an Derartiges in Freiheit nicht erinnere, vor der Gefangenschaft. Mir kamen übrigens sogar nicht einmal unter Folter Tränen; denn in diesem Moment ist es einem nicht nach höheren Gefühlen – alles ist auf die Kontrahierung der Muskeln reduziert. Jedes Mal war es unerwartet, sodass ich einmal sogar auf den Boden plumpste. Im Alter von dreißig Jahren werden Tränen Sie kaum schmücken, aber das Gefühl von Einsamkeit in Verbindung mit allem, was ich durchlebt hatte, drehten mich ein paar Mal auf links – ich konnte nicht aufhören, wie ein Kind. Vielleicht war das meine Art zu fragen: Wofür? Am schlimmsten ist, dass man diese Frage niemandem stellen kann. Sie erklingt von sich aus – an sich selbst gerichtet. Eine Art Höhlenecho. Ich denke, Tränen sind trotzdem besser als Wodka, mit dem viele Befreite diese paar Jahre zuzuschütten versuchten. In der *Isolation* saß ich mit einem Menschen, der im Afghanistankrieg durch Gefangenschaft gegangen war. Einen ganzen Monat hatte er in einer Erdgrube gelegen. Er sagte, dass er noch zwei Jahre danach "jedem, der ihm begegnete, die Fresse polierte" und nachts schrie. Ich erinnere mich an seine Worte: "Das Wichtigste ist – stürz dich nicht direkt unter Menschen. Ich habe diesen Fehler gemacht, man muss es aber allmählich tun, immer ganz wenig."

Es heißt, der Teufel stecke im Detail. Das ist die Wahrheit. Besonders wahr ist es für die, die innen wie ein Streichholz sind, das durch jede Kleinigkeit entflammt. Du weißt nicht, wo dich dieser Gedanke einholt, wo er dich am Hals packt und kopfüber in Verzweiflung stürzt. Das kann das Badezimmer sein, der Markt, die Metro. Jede Kleinigkeit, die dich aus dem Gleichgewicht bringt und die Müdigkeit mit dem Gedanken an das Durchlittene verknüpft. Im Weiteren ist alles einfach. Du gehst die möglichen Varianten zum Rückzug durch, wie die Perlen einer Gebetskette. Ein seltsames Gefühl. Will man ganz poetisch werden, dann erinnern solche Minuten an einen Sommergarten, in dem plötzlich alle Vögel verstummt sind. Die Welt rundum wird still – und du bleibst völlig allein übrig.

Ich erinnere mich, wie nur einen Monat nach dem Austausch plötzlich die Dusche in der Mietwohnung zu tropfen begann. Eine Kleinigkeit, ein Nichts – eine Dichtung war einfach kaputt, aber ich habe mich fast aus dem Fenster gestürzt. Unter dem Wasserstrahl stehend dachte ich plötzlich: "Warum muss ich das überhaupt ertragen? Warum kann nicht jetzt, nach der Folter, den Kellern und Erniedrigungen, alles ideal sein – oder wenigstens diese verfluchte Dusche funktionieren?" Und wissen Sie, was am nächsten Morgen passiert ist? Ich war einfach begeistert, dass ich über den lokalen Markt gehen und mich einer solchen Nichtigkeit wie der Suche nach einer Duschdichtung widmen konnte. Und nicht das Stöhnen der Folter hören musste, das mit Liedern aus dem Zweiten Weltkrieg übertönt wurde, die die Gefangenen sangen.

Es ist seltsam, aber in solchen Minuten wie denen in der Dusche verstehe ich immer, wie dumm jetzt ein Selbstmord wäre. Ich verstehe, dass diese Gedanken ein Teil meines Traumas sind. Ich begreife es mit dem Verstand, aber ich fühle es nicht im Inneren. Und zudem kommt mir immer Kawabata Yasunari in den Sinn, der schrieb: "Wie fremd diese Welt auch sein mag, Selbstmord führt nicht zur Erleuchtung." Und am Ende seines Lebens brachte er sich um. Der Triumph des Gefühls über den Verstand. So oft du dich auch davon überzeugst, was sein soll – das, was ist, wiegt schwerer.

Nun denn, die Freiheit, wie auch die Liebe, muss man erlernen. Es gelingt mir aber nicht, diese Kluft zu überwinden. Wovon ich spreche? Im Donezker Untersuchungsgefängnis gab es nur einen Ort für Hofgänge, von dem aus man zwischen Metallblech und Beton ein Stückchen der Stadt erblicken konnte: den Zirkus "Kosmos" und einige Hochhäuser. Weil die Menschen im System des "Ministeriums für Staatssicherheit" mit Säcken oder Tüten über den Köpfen transportiert werden, sehen Sie ein Jahr (oder auch länger) überhaupt nichts außer Zellen und den Wipfeln der Pappeln während des fünfminütigen Spaziergangs. Im Untersuchungsgefängnis sind Säcke nicht länger nötig, aber unser Zellenfenster lag zu einer Wand hin, sodass wir, als wir – nur ein einziges Mal – in den Hof mit Blick auf Donezk kamen, der Reihe nach, je fünf Minuten, einfach auf die Häuser schauten, was an sich schon ein Ereignis war. Ein trauriger Anblick: Drei erwachsene Männer blicken durch einen Spalt auf eine Hochhausbebauung.

Und dann, zwei Monate später, bin ich von der Architektur Prags und Straßburgs umgeben … Ich bin in Freiheit, trete mit einer Rede über Menschenrechte auf, kehre ins Hotel mit einem warmen Wannenbad im historischen Teil der Stadt zurück, von wo der Turm einer prächtigen Kirche aus dem Fenster zu sehen ist. Hier ist es warm und gemütlich, aber ich denke an einen jungen Mann, den ich nicht einmal kannte. Und Gott sei Dank habe ich wenigstens das nicht gesehen, weil er qualvoll in der Zelle Nummer Eins der *Isolation* starb, während ich in der Zelle Vier saß. Seine Geschichte hat man mir wesentlich später im Lager erzählt, aber selbst mich hat sie beeindruckt.

Diesem jungen Mann hatten sie die Milz kaputt geschlagen, die inneren Organe verletzt – und er war bald mit grauen Flecken überdeckt. Als seine Zellengenossen das dem bereits bekannten Palytch erzählten, kam der von Zeit zu Zeit in die Zelle – und schlug ihn noch härter, wobei er allen versicherte, er würde nur simulieren. Letztlich dauerte die Agonie dieses Menschen drei Tage, während derer er Halluzinationen bekam: Er fing an, seine Ehefrau zu umarmen und mit ihr zu reden. Ein Mensch, der mit ihm zusammen in dieser Zeit einsaß, hatte schon viel in der *Isolation* gesehen. Dennoch sagte er mir, dass diese drei Tage mit die entsetzlichsten gewesen seien. Nach drei Tagen starb der junge Mann und von seinen Zellengenossen verlangten sie schriftliche Erklärungen, dass er sich die Verletzungen selbst zugefügt hätte.

Vor einer Stunde hatte man mir gesagt, dass ich dieses Straßburg verdient hätte, dieses Hotel, diesen mit Strahlern beleuchteten gotischen Kirchturm. Aber was ist mit diesem jungen Mann? Wo ist seine Belohnung? Alles, was er "verdient" hatte, war, vor dem Tod die Luft statt seiner Ehefrau zu umarmen. Vielleicht war er am letzten Tag wenigstens ein bisschen glücklich gewesen, als er dachte, dass seine Frau in seiner Nähe wäre. Und dennoch: Wo ist seine Kirchturmspitze? Und hier taucht der verführerische, fast biblische Gedanke auf: Er hätte nicht über all das schreiben können. Er hätte für niemanden nützlich werden können, deswegen hat er auch nicht überlebt. Eine weitere Rationalisierung, eine weitere klare Formel im Chaos der Willkürlichkeit der Tage. Ich muss nur an die göttliche Vorsehung denken, daran, dass der Weg aus dem feuchten Keller Donezks in das Straßburger Hotel nicht mit dem klaren Verstand, sondern nur mit dem Herrgott zu erklären ist. Und sofort erinnere ich mich an solche wie diesen Menschen. Und falls der Herrgott unsere Namen im Himmel nicht wie einen Kartenstapel mischt, ist mir entschieden unverständlich, warum dem so ist. Wahrscheinlich werde ich mich nie völlig mit dieser Absurdität abfinden. Aus dem Heißen ins Eis – und zurück. Wenn die Kirchturmspitze Sie quält, dann bleiben Sie in gewisser Weise in Gefangenschaft. Nun denn, sowohl die Freiheit als auch die Liebe muss man erlernen – und ich mache Schritt für Schritt, ganz wie ein Kleinkind.

Offen gesagt stören Ratschläge auf diesem Weg gewaltig. Kaum ist der, der gestern noch Gefangener war, in Freiheit, da verwandelt sich diese Freiheit in einen Markt der Theorien darüber, wie man "sein Leben findet". Die aufrichtigen Versuche, den Menschen zu unterstützen und ihm mit Rat zu helfen, führen zu einer Regression der erwünschten Gefühle: statt Sympathie Zurückweisung, Tränen statt Lächeln; Unruhe und Wut ersetzen plötzlich die Ruhe.

Das Schlimmste und Banalste, was man einem Freigelassenen in Freiheit empfehlen kann, ist, "einfach zu vergessen". Abgesehen davon, dass es nicht umsetzbar ist und deswegen nur Abneigung gegenüber dem Wohlmeinenden hervorruft, gibt es noch etwas weiteres. Ich erinnere mich, wie eine Dozentin mich noch vor dem Krieg in der Katholizismus-Prüfung fragte: "Was hat ein Individuum nach dem Tod noch, wenn es Gott trifft?" Die Frage brachte mich förmlich ins Schleudern. Wie konnten wir überhaupt ernsthaft so etwas erörtern? Aber die Antwort stellte sich als recht logisch heraus: "Nun, zum Beispiel Ihr Gedächtnis", sagte meine Dozentin. "Der Mensch muss sich erinnern, wofür er eine Belohnung erhält oder eine Verurteilung erfährt. Ohne eine Vergangenheit ist der Himmel nicht gerecht, ist es nicht so?" Oh ja, jetzt bin ich tausend Mal bereit "Ja" zu sagen. Das kollektive Gedächtnis ist bisweilen trügerisch und fehlerhaft. Die Menschen sagen sich leicht von dem los, was ganze Generationen noch gestern als Heiligtum im Gedächtnis bewahrt hatten. Das individuelle Gedächtnis ist zur Verantwortung verdammt. Genau hier, in unserer Vergangenheit, kommen wir dem Göttlichen näher, auch wenn es keinen Gott gibt. Dieses Vergangene lässt sich nicht durch ein Werbebild wegnehmen, darüber wird kein verfälschter Plot gedreht werden. Sich erinnern bedeutet, ein Mensch zu sein. In diesem Sinne hat uns die *Isolation* Nägel und Kreuz geschenkt.

Man sollte nicht die, denen Stromschläge versetzt und die jahrelang in Kellern gehalten wurden, mit der Phrase "Wir verstehen" beleidigen. Eine Grenzerfahrung kann wohl kaum überhaupt verstanden werden. Häufig sind wir selbst nicht in der Lage, einander zu verstehen, obwohl wir in denselben Kellern saßen und dieselbe Amperezahl in den Armen gespürt haben. Ich etwa werde nie sagen, dass ich den Major verstünde, mit dem ich einst in der *Isolation* einsaß, nachdem er von Luhansk nach Donezk gebracht worden war. Dieser Mensch wusste nicht einmal, in welcher Stadt er sich befindet. Noch in Luhansk hatten sie ihn bis zur Gürtellinie in einen Kartoffelsack gesteckt, mit Klebeband umwickelt und ihn so viele Stunden lang transportiert, wobei sie ihn die ganze Zeit mit Füßen traten. Und davor hatten sie ihn in einem Luhansker Keller festgehalten, wo er durch die Tür das Stöhnen seiner geliebten Frau hörte, die dort hingebracht worden war, um ihn zu quälen. In der *Isolation* wurde er nicht gefoltert, dafür hatten sie in der heimatlichen "Republik", für die er gekämpft hatte, seine Kellerzelle bis zu den Knöcheln mit Wasser geflutet und den Strom direkt ins Wasser geleitet. Kann ich das verstehen? Ich bezweifle es. Ebenso wenig wie ich auch die Erfahrung des Vaters werde verstehen können, der das eigene Kind, einen ukrainischen Kriegsgefangenen, erst nach fünf Jahren wiedersah, nach der Gefangenschaft.

Und hierbei geht es nicht darum, für wen von uns es schrecklicher ist. Es geht darum, dass keine Waage existiert, mit der man einen solchen Tag messen könnte. All das macht uns nicht zu besonderen Menschen. Wenn sich ein solcher Mensch in Freiheit wiederfindet, wird er gerade empfinden, dass seine ganze Besonderheit Platz in einer langen, grauen Warteschlange findet, in der man für ein paar Papiere ansteht. Man muss sich damit abfinden, dass der einzige, auf dessen Verständnis man zählen kann, man selbst ist; und auch das nicht immer.

Deswegen braucht der, der gestern noch Gefangener war, keine Unterstützung, sondern Zustimmung: Es braucht kein Mitleid – nicken Sie einfach als Antwort auf seinen Pessimismus. Dieser Pessimismus wird auch verschwinden, bei den meisten ist er kein Resümee, sondern nur eine Emotion. Eine sehr tiefe und schmerzhafte – aber dennoch eine Emotion und die Zeit wird einmal auch sie auslöschen, so wie Wasser am Meeresufer eingeritzte Zeichnungen auswäscht. Eine Weltsicht aus Emotionen schaffen, die Vergangenheit in Sinnzusammenhängen festhalten, kann und muss nur der, der bereits jetzt versteht, dass ihm die Zeit nicht helfen wird. In diesem Fall ist es wichtig, nicht den Moment zu verpassen – den Moment der Transformation des inneren Schmerzes in ein psychologisches Gift, das Ihnen das Leben verderben wird. Genau hier bedarf es der Umwandlung des Gefühls in Rationalität: Ja, das war und konnte nicht anders sein. Setzen Sie dahinter einen fetten Punkt, damit nicht mit der Zeit die Versuchung auftaucht, aus diesem Punkt ein Semikolon zu machen und ein gefährliches "aber" hinzuzuschreiben.

Vergleichen ist ein weiterer Fehler, den optimistische Psychologen denen aufzudrängen versuchen, die durch die Hölle gegangen sind. Die Phrase, dass es jemandem schlechter gehe als demjenigen, der Gefangenschaft erlebt hat, kann nur schaden. Der Mensch kann zu dem Schluss kommen, dass Sie mit diesem Vergleich seine persönliche Erfahrung entwerten und unbedeutend machen. In der Regel kennen die Gefangenen der *Isolation* diese ungeschriebene Norm – "Man kann immer tiefer fallen" – auch selbst und können eigenständig zu einem solchen Vergleich kommen. Man darf sie jedoch keinesfalls dorthin stoßen als wären sie Kinder. Meine persönliche Erfahrung, die keinen Anspruch auf Verallgemeinerung erhebt, lehrt: Das scharfe Skalpell aus hunderten Bänden der Psychologie, mit dem man den Kopf eines Gefangenen zu präparieren versucht, durchschneidet lediglich die letzten Geduldsfäden. Andererseits bringt eine negative Therapie, die Phrase "Alles ist schlecht", dem früheren Gefangenen häufig Erleichterung – wenn sie von jemandem ausgeht, der wie er ist.

Ich erinnere mich, wie ich einen Monat nach der Freilassung zufällig einen früheren Zellengenossen in Kyjiw traf. Die Einschätzung der allgemeinen Situation und die Empfindungen, mit denen wir schon einen Monat hier, in Freiheit, lebten, brachten uns genau zu dieser Phrase, die aufrichtiges Gelächter hervorrief. Natürlich verstanden wir beide, dass das "Schlecht" der Freiheit und das "Schlecht" der *Isolation* verschiedene Dinge sind. Nur mit einer solchen Bilanz eines Eingeständnisses des Negativen kann man zu Entspannung und Lachen gelangen. In meiner Selbstrehabilitation beginne ich immer mit der Phrase "alles ist schlecht und das ist nicht relativ". Sie haben die Schicksale von Menschen zerstört, viele zu Invaliden gemacht und vergewaltigt, diese Tatsache hängt nicht vom Blickwinkel ab. Wir müssen damit leben. Deswegen also gilt der Vorzug der Arbeit mit diesem Umstand und nicht dem Versuch, den ehemaligen Gefangenen dazu zu bringen, Positives zu sehen. Vor dem Hintergrund der Bilder aus ertragenem Leiden und Folter wird dieser Versuch eindeutig Widerstand hervorrufen und verleiht dem Ratgeber (einem Arzt oder Nahestehenden) den Status eines "Feindes".

Wir müssen verstehen, dass das Leben nicht nur einfach ungerecht ist – möglicherweise ist die Situation noch schlimmer. Vielleicht kann man die Frage nach Gerechtigkeit an überhaupt niemanden stellen und wir haben es mit nackten Fakten zu tun, ohne Hoffnung auf einen Sinn. Ja, einst haben Sie in den Rahmenbedingungen vorgegebener Sinngehalte gelebt: Haus, Karriere, Familie. Dann plötzlich, eines Tages, fanden Sie sich in einem Keller wieder, vollständig entkleidet, mit Drähten an verschiedenen Stellen. Das passt in keine Verallgemeinerung, keine einzige Theorie erklärt, warum es so ist. Besonders quälend ist das unscheinbare "Plötzlich". Was bedeutet es? Haben vierzig Lebensjahre Ihnen keine Erfahrungen mitgegeben? Denn in denen gab es diesen Tag nicht. Die ganzen vierzig Jahre können ihn nicht erklären. Sie haben keine Arbeit, kein Heim mehr, die Nahestehenden verlassen Donezk, um sich nicht in einer Zelle mit Ihnen wiederzufinden. So vergehen einige Jahre. Und danach ein grelles Licht: Das ist die Freiheit. Eine

Situation, die sich punktuell als komplizierter herausstellen kann als der Keller von gestern.

Ein Mensch, der solches durchlebt hat, ist völlig in der Zeit abgeschrieben. Er versteht nicht nur die Vergangenheit nicht, sondern auch die Gegenwart, die man ihm schon einmal genommen hat – genommen innerhalb eines Tages. Wieder alles von vorn beginnen? Wofür? Und wie denn, wenn sich niemand auch nur vorstellen kann, was Sie erlebt haben – nicht einmal die engsten Menschen – und das "neue Leben" Platz in einer Reisetasche gefunden und das Ausfüllen einiger formaler Papiere im Angebot hat? All das ist kein abstraktes, relatives, sondern ein sehr konkretes "Schlecht", dass man keinesfalls in einen "unbewussten Schrank" stoßen darf. Ja, morgen kann all das erneut geschehen. Und das zu verstehen ist das, was uns von allen anderen unterscheidet. Die meisten Menschen wissen, dass solche Dinge möglich sind – aber Wissen reicht nicht aus, um es zu erfassen.

Ich bin schon einige Monate in Freiheit und mache emotional nur Rückschritte – von der Euphorie des ersten Tages bis zu schweren Depressionen des gegenwärtigen Tages. Aber genau das zu verstehen und anzunehmen, gibt mir die Möglichkeit, mich weiter zu bewegen und mich nicht anlässlich dieses Traumas in mir zu verschließen. Das Problem besteht nicht darin, dass der Mensch in einer Welt des Absurden und des Schmerzes lebt – das Problem ist, dass wir uns davon zu überzeugen versuchen, dass dem nicht so sei. Sich zum Lächeln eines Kindes oder in die Umarmungen der Nahestehenden flüchten. Ja, diese Dinge haben Bedeutung, aber glauben Sie: Wenn Sie die Welt der unverhüllten nackten Grausamkeit erblickt haben, wird sich das in der Zukunft bemerkbar machen, wenn Sie sich nicht hier und jetzt damit auseinandersetzen. Stattdessen kann man einfach ausweichen: "Die Welt positiv sehen", wie es die Psychologen nennen, oder "nicht die Dinge, sondern seine Einstellung zu ihnen ändern". Schubladen gibt es hier millionenfach, aber die eigentliche Frage ist, ob diese Phrase Ihnen helfen kann, nicht von einer Brücke zu springen. Mein Gedanke läuft darauf hinaus, dass prinzipiell keine einzige Erfahrung dieser

Art weitergegeben werden kann und man den emotionalen Tiefpunkt erreichen muss, um sich von ihm abzustoßen und nach oben
aufzusteigen.

Das Leben ist absurd, das ist eine Tatsache. Je klüger der
Mensch ist, desto schwerer hat er es in diesem Absurden. Auch das
ist eine Tatsache. Die größten Chancen, in der *Isolation* zu überleben, hatten zwei Kategorien von Gefangenen: frühere Strafgefan-
gene, die eine solide Erfahrung im Überleben in derartigen Syste-
men hinter sich hatten – und die dümmsten und pragmatischsten
Persönlichkeiten, die sich in das System einfügten und nicht darüber nachdachten, was geschah. Dank ihrer physischen Kraft spielten sie aufseiten der Administration und lebten im Segment "Schlaf
und Essen", ohne die Ereignisse zu reflektieren. Die ehemaligen
Strafgefangenen verhielten sich in etwa gleich, mit einer Ausnahme: Sie verstanden bestens, was geschah, dank ihrer vorherigen
Lagererfahrung; weswegen sie sich auch bemühten, nicht nachzudenken, sich aber so weit wie möglich von diesem System fernhiel-
ten. Diejenigen mit solcher Erfahrung wiederholten immer: "Das
Wichtigste ist, seine Kräfte einzuteilen. Wenn du zehn Jahre sitzen
musst, darfst du dich nicht am ersten Tag aufzehren. Die Besser-
wisser sterben schneller."

Aber es gibt noch eine weitere Tatsache: Falls Sie nicht vorha-
ben, Selbstmord zu begehen, müssen Sie trotz allem dieses Leben
leben. Und das ist nicht so offensichtlich, wie es auf den ersten Blick
scheinen mag. Oft befindet sich ein Mensch psychologisch im
Selbstmord, ohne ihn zu begehen. Ein solcher Zustand kann Monate und sogar Jahre andauern: Aus unterschiedlichen Gründen
hält sich eine Person nur äußerlich über Wasser, stirbt aber innerlich von Tag zu Tag. Der Mensch öffnet am Morgen die Augen –
und allein schon das reizt ihn. Deswegen ist es so wichtig, sich sofort klar zu werden, sich diese Grenzfrage zu stellen: Wenn Sie auf
dieser Erde bleiben, ist es sinnlos, sich in einem emotionalen Sarg
einzusperren. Entweder – oder. Der Mittelweg ist hier die schlechteste Variante, weil genau mit ihm der Psychoterror beginnt. Der
frühere Gefangene fängt an, mit seinem Trauma Handel zu betrei-

ben, damit alles Mögliche zu rechtfertigen und bei seinen Nahestehenden Verständnis einzufordern, während er das eigene Alter auf
das Niveau eines Fünfjährigen zurückdreht.

Ich kann mich nicht dazu zwingen, nicht zu denken; aber ich
habe eine andere Rettung – diese Worte. Ich kann das alles auf-
schreiben. Das ist nicht viel, aber schon etwas. Sich mit diesem Absurden abzufinden, ein Teil davon zu werden und es mit seinem
Leben zu verschlucken, unter Kraftanstrengung darin einen Sinn
erschaffen – so sieht der allgemeine Plan aus. Mir scheint, Julio
Cortázar habe einst gesagt: "Der einzige Weg, die Monster loszu-
werden, ist, an sie zu glauben."

Ich habe natürlich noch ein Mittel, das Laufen. Es ist auch kein
Allheilmittel und behebt eher die Symptome als den Grund zu be-
seitigen. Aber sobald ich Gleichgültigkeit gegenüber allem, was
mich umgibt, empfinde und verstehe, dass jetzt jedes Wort und sogar jeder Gedanke zu viel sind, ziehe ich die Sportschuhe an und
bemühe mich, zu laufen. Genau das Laufen erzeugt in mir die Illusion eines Zieles im Leben, noch aus Zeiten der Fremdenlegion. Unwichtig wohin, wichtig ist zu rennen. Manchmal beginne ich mitten
in der Stadt. Einen Kilometer oder zwei, selbst in unbequemer Kleidung. Wichtig ist, nicht zuzulassen, dass dich dieses Gefühl ganz
ergreift. Es taucht unvermittelt auf, selbst an den herrlichsten Orten. Das Empfinden einer Sackgasse aus Beton und Eisen zer-
schlage ich mit dem Geräusch der Sohlen auf ebensolchen Beton
und Asphalt.

In Europa wurde mir leichter zumute. Nicht viel, aber dennoch leichter – hier ist eine andere Welt und die hat etwas Luxuri-
öses. Aber dieser Luxus besteht nicht in den sauberen Gassen mit
Kopfsteinpflaster und teurer Kleidung, sondern in dem Café, in
dem man einander bei einer Tasse Kaffee und einem Stückchen
Torte am helllichten Tag die Fotos der Enkel zeigt. Der Luxus Eu-
ropas ist die Ruhe. Eine Ruhe, derer ich sogar in Kyjiw beraubt bin,
wo ich immer noch über die Registrierung einer Pistole nachdenke
und gezwungen bin, mich nach jedem Interview umzublicken, bevor ich mein eigenes Haus betrete. In Prag verschwindet der Krieg,
in Kyjiw lebt er in den Ecken der Hauseingänge.

Die Rudimente des Kellers bleiben allerdings auch in Prag. Man kann vor dem Eingang fliehen, in dem sie einen umbringen können, aber das "unglückliche Bewusstsein" trägst du mit dir herum. Ich erinnere mich, wie ich mich auf der Toilette eines Prager Kaffeehauses dabei ertappte, dass ich auf eine von der Decke gelöste Platte blickte, durch die Tageslicht kam. In dieser Sekunde dachte ich, wohin die Lüftung führen möge und ob es hier in der Nähe einen Hinterhof gebe. Das ist eine Angewohnheit, die bis jetzt nicht verschwunden ist. In der Gefangenschaft halten Sie rund um die Uhr an zwei Gedanken fest: Suizid und Flucht. Nicht, weil Sie verrückt sind oder die Psyche gestört ist. Sie halten daran fest, weil nicht daran zu denken eben Wahnsinn wäre an einem Ort, an dem es etwas Schlimmeres gibt als einen schnellen Tod. Und jetzt also, zwei Monate nach der Freilassung, in einer Stadt mit friedlich schlafenden, kleinen Restaurants und Familienfotos, blicke ich auf die Lüftung und kalkuliere die Möglichkeiten. Wie viel Zeit wird es brauchen, damit das verschwindet? Damit eine Platte nur eine Platte ist und ich Türschlösser nicht mehr beachte? Das sind unsere Weißen Nächte, das quälende Licht, das einen nicht ruhig einschlafen lässt.

Ich laufe auf den Gipfel eines Hügels, von wo sich ein blendender Blick auf die funkelnde Stadt eröffnet. Die Ziegeldächer glühen im stillen Sonnenuntergang, der Abend legt sich auf den Fluss – und ich erinnere mich an Donezk.

Dort, in kleinen Käfigen, sitzen immer noch Menschen. Das blaue Licht ist schon angegangen. Wahrscheinlich haben sie zum Abendessen heißes Wasser bekommen ...

Prag, 2020

ISOLATIONSPROSA

Christus im Gulag
(Bühnenstück in zwei Aufzügen)

Einige Worte des Autors

Die Idee zu diesem Stück kam dem Autor nach einem Gespräch im Keller der "Isolation" mit einem von denen, die in diesem Krieg auf der anderen Seite der Barrikaden standen. Ungeachtet dessen, dass dieser Mensch unter dem System gelitten hatte, für das er gekämpft hatte, war er immer noch völlig davon überzeugt, dass "es nicht anders möglich gewesen wäre". Mit anderen Worten, sowohl die Folterungen, die er selbst durchstehen musste, als auch die Folterungen anderer Menschen sowie dieser Keller waren für ihn legitim und unvermeidlich. Genau diesem Persönlichkeitstyp, von dem der Autor erstmalig in einer Vorlesung von Professor Duluman[24] erfuhr, ist dieses Stück gewidmet. In ihm eröffnet sich durch das Abbild der totalitären Vergangenheit die ukrainische Gegenwart – zusammen mit der fragilen Hoffnung, allen Opfern eine Antwort zu geben, die ihre Folterer rechtfertigen.

Im Gedenken an Professor Duluman,
dessen Erzählung diesem Sujet zugrunde liegt.

1. Aufzug

Dunkle Lagerbaracke. Durch den engen Gang zwischen den Pritschen geht hinkend N. Er legt sich auf seine Pritsche, von oben beugt sich das Gesicht eines älteren Brillenträgers. A.P sieht N. aufmerksam an, rückt mit einem Finger seine Brille zurecht und verkriecht sich wieder auf seiner Pritsche.

A.P. *(leise)*: Haben sie zugeschlagen?

N.: Haben sie ...

A.P.: *(nach einer Pause)*: In letzter Zeit schlafe ich höchstens zwei bis drei Stunden.

---

[24] Evgraf Duluman (1928–2013), sowj./ ukr. Religionswissenschaftler, Philosoph, Atheist (A.d.Ü.).

A.P. wirft N. ein Bündel herab. Dieser wickelt es auseinander, liest.

N: "Neues Testament und Psalter." *(Flüsternd, nervös)* Wozu das? Es ist doch verboten ...

A.P. *(ebenfalls flüsternd, fällt ihm ins Wort):* Ich weiß, ich weiß, Sie sind nicht gläubig. Ich auch nicht. Da ist – bei Matthäus im 6. Kapitel – ein Gebet. Mir hat es geholfen. Aber dort – wie Sie wollen. *(Zieht sich sein Schaffell über den Kopf.)*

N. *(erneut flüsternd):* Ich verstehe nicht ...

A.P. *(unter dem Schaffell hervor, dumpf):* Ich hab' doch gesagt – mir hat's geholfen. Habe es gelesen, als ich an meine Frau dachte. Aber es ist Ihre Sache.

N. *(kneift die Augen stark zusammen, bedeckt sie mit der flachen Hand, danach versteckt er das Buch in seiner Hosentasche):* Ich werde es nicht lesen. Hören Sie?

N. erhält keine Antwort, nach einiger Zeit schläft er ein.

2. Aufzug

Enger Lagerraum mit Inventar. Direkt unter der trüben Lampe steht N. und blinzelt zur Tür.

N. *(wischt sich den Schweiß von der Stirn, wobei er immer noch zur Tür schaut):* Dummes Zeug ...

Kramt das Buch hervor, beginnt zu blättern. Am Rand entdeckt er eine Bleistiftnotiz.

N.: "Die Zeit ist nahe!" *(Er schlägt es an der gesuchten Stelle auf, beginnt zu lesen.)* Vater unser, der du bist im Himmel ...

Im Raum erscheint die Gestalt Christi. N. erstarrt, betrachtet sie schweigend, dann schlägt er die Bibel zu, hält sie aber weiter fest in den Händen.

N. *(blickt gelassen zu Christus):* Also, wie sieht das Tor des Paradieses aus? Haben Sie dieses riesige, braune Tor an der Einfahrt zum Lager gesehen? Ich habe es sofort bemerkt, gleich, als sie uns hierhergebracht haben. Damals dachte ich noch, dass an ihm etwas Besonderes sei. *(Aufmerksam betrachtet er das Antlitz Christi.)* Aber wissen Sie, ich bin bereit zu schwören, dass mir Ihr Gesicht bekannt ist – ich habe Sie schon früher gesehen, ich kann mich bloß nicht so recht erinnern, wo genau. *(Erinnert sich, verwundert.)* Ach, Gott ... Aber natürlich ... Sie – sind der Mensch aus meinem Traum, mit dem alles begann. *(Bedeckt die Augen mit der Handfläche.)* Mir träumt, dass ich durch den Wald renne und mir ein Lebewesen hinterher-jagt. Ich sehe weder Antlitz noch Gestalt – es ist einem Schatten ähnlich, doch in den Händen hat es ganz deutlich Pfeil und Bogen. *(Nimmt die Hand vom Gesicht.)* Und auf einmal kommt mir ein Mensch entgegen – ihn trifft der Pfeil, er fällt zu Boden und stirbt an Ort und Stelle. Und so gleich zweimal. Schließlich renne ich hin-aus auf ein Weizenfeld, mit hohen Ähren – brusthohen. Und wissen Sie, was unheimlich ist? Kein bisschen Wind, alles steht, es wiegt sich nichts hin und her, als wär's gemalt.

Aber inmitten des Feldes steht ein herrschaftliches Holzhaus mit Schnitzereien, wie es sie früher gab. Ich komme in den Hof und dort ist schon der Tisch gedeckt: ein Krug Milch, Quark und, was seltsam anmutet, vier Trinkgläser, doch schon unsere, die sowjeti-schen. Aus dem Haus jedoch treten ... Sie. *(Langsam, sich erinnernd.)* Ja, nur dass Sie ganz in Weiß waren und barfuß, und nach Ihnen kam eine Frau heraus – ebenfalls in Weiß und ebenso barfüßig, und zu guter Letzt, ein altes Männlein, mit Gürtel und Stock. Sie setzten sich an den Tisch und sprachen: "Ganz schön lang haben wir auf dich gewartet." Aber dann sehe ich alles wie durch einen Nebel, an nichts des Gesagten erinnere ich mich mehr ... Doch als ich schon vom Hof aufbrach, sagten Sie auf einmal: "Geh und fürchte nichts – der Herr sei mit dir!", und ich erwachte. Lang noch hielt das selt-same Gefühl an, das kleine Kinder empfinden, wenn die Mutter sie auf den Arm nimmt – derartig klein und geborgen zu sein, absolute Seelenruhe. Das ist umso seltsamer, da ich nicht an Gott glaube. Meiner Mutter erzählte ich von dem Traum, sie entgegnete mir: "Der Herr wird dich dreimal im Leben erretten." Im vierzehnten und im siebzehnten Jahr war ich wirklich in Todesgefahr. *(Grin-send.)* Hm, kann sein, dass ich auch jetzt durchschlüpfen werde.

(Wird lebhafter.) Und am nächsten Tag traf ich Ira. Und wieder dieses Gefühl, obwohl ich den Traum ganz vergessen hatte: In ihrer Gegenwart fühlte ich mich immer wohl und ruhig. *(Gelöst, wobei er Christus direkt in die Augen schaut.)* Wissen Sie, ich habe sie doch jetzt schon fünf Jahre nicht mehr gesehen. Manchmal denkst du: Ach, wenn sie dir jetzt mit der Hand über die Wange striche – du würdest sterben. Nichts anderes bräuchte ich – wenn sie mich einfach nur streicheln würde. *(Wird von neuem lebhafter.)* Aber an jenem Tag saßen wir, sie und ich, bis zum späten Abend in der Bibliothek. Sie sagte, dass es im Herbst in Moskau irgendwie auf besondere Weise dunkel sei, und ich bot an, sie zu begleiten. Der glücklichste Herbst meines Lebens. Ja, wir waren glücklich. Aber weiterhin ging es alles irgendwie von selbst aufwärts: die Genossen, die Partei, Anton Palytsch … *(Sich zu Christus neigend, flüsternd.)* Sie sagten mir sogar, ich solle Englisch lernen. *(Von neuem laut.)* Aber Sie wissen, was das heutzutage bedeutet. Ira war gerade dabei, ihren Abschluss am Institut zu machen. Das Leben erschien einfach, wie ein Fünfkopekenstück: lebe, arbeite, liebe deine Heimat – was gibt es Leichteres? Bis mir eines Tages Anton Palytsch ins Ohr flüsterte: "Gegen dich", sagte er, "liegt ein anonymer Brief bei der Tscheka[25] vor." *(Wendet sich für eine Sekunde von Christus ab, danach wendet er sich von neuem um und geht auf ihn zu.)* Wissen Sie, woran ich damals dachte? Sie werden es nicht glauben. An Mandarinen. Das war am Vorabend des Neuen Jahres. Ira schenkte mir einen riesigen gestrickten Schal, aber auf dem Tisch stand bei uns eine Schale mit Mandarinen. In diesem Moment war es, als werde alles rundum schwarzweiß, die Mandarinen hingegen leuchteten wie Kohlen im Ofen. Ich unternahm nicht einmal einen Versuch, ihm zu antworten: Ich kehrte einfach zum Tisch zurück, nahm eine Mandarine und begann, sie zu schälen. Bis heute erinnere ich mich an ihren Duft … Gesichter, Sachen – all das nur verwaschen, doch der Duft, als hinge er auch jetzt ganz nah in der Luft. Ira lächelt mir zu, und ich ihr, und auf einmal streckt sie sich so über den ganzen Tisch herüber, küsste mich auf die Nase und beginnt zu lachen. Ein solch angenehmes, frühlingsleichtes Lachen. Nun, ein einziger anonymer

---

[25]   Abkürzung für den ersten Geheimdienst der UdSSR (A.d.Ü.).

Brief kann das doch nicht alles zunichtemachen, nicht wahr? *(Als komme er zur Besinnung.)* Das begreife ich jetzt schon, dass dies auf seine ganz eigene Weise Irrsinn war, eine Verfinsterung, und dass ich hinfort weder dieses Zimmer mehr hatte noch die Abende noch mein Leben noch Ira ... *(Langsam, in einzelnen Silben.)* Ab - so - lut - nichts - hat - te ich mehr. Wissen Sie, nach alldem begann mir mein Leben als eine Wanderung auf einem endlosen Wege zu erscheinen, an dessen Ende du plötzlich einen Stein erblickst, an dem du einst schon vorbeigekommen bist. Egal, unnötige Sentimentalitäten ... *(Von neuem lebhafter werdend; zu Christus gewandt.)* Aber Anton Palytsch ... Er hatte mich vorgewarnt, hatte sogar versprochen, mir mit dem Ausland zu helfen *(nervös lächelnd)*, aber ich habe ihn an den Geheimdienst verraten. *(Bedeckt sein Gesicht mit den Armen, lacht hysterisch, daraufhin ruhig, vorwurfsvoll auf Christus blickend.)* Verstehen Sie? Nein, Sie werden das niemals verstehen. Ja, ich bin unschuldig. Aber wenn er einen Schuldigen gewarnt hätte oder sich selbst als Provokateur erwiesen hätte? Sie haben es ja nicht gesehen, wie er Ira diese ganze Zeit angesehen hat, ohne den Blick von ihr zu wenden. Eines Tages schlief ich die ganze Nacht nicht und sah sie die ganze Zeit an, sah sie an ... Wer und auf welcher Waage hatte ihren Kuss, ihre Hand gewogen, und jenen Herbst in Moskau? – Sie schweigen. Und jetzt wollen sie all das mit einem armseligen Papier wegwischen? Deshalb kam ich und sagte: "Nun, Genossen, ich bin von selbst gekommen, ich kann nirgendwohin fliehen, und habe das auch gar nicht vor. Klären Sie die Angelegenheit." Aber sie fragten, woher ich es erfahren habe. *(Mit dem Kopf nickend.)* Ich wusste es, natürlich wusste ich es, dass sie das fragen würden, und dass sie Anton Palytsch mit seiner Gemahlin ... das wusste ich auch. Sie haben auch meine Ira ... *(verstummt kurzzeitig.).* Also, ich bin ebenfalls in gewissem Sinne freiwillig ans Kreuz gegangen. Obwohl – ich lüge. *(Nickt mit dem Kopf.)* Ich lüge. Anfangs stritt ich es ab, protestierte, sogar die Folterungen ertrug ich. Ich dachte, ich würde meine Aufrichtigkeit beweisen. Aber dann ... Dann verstand ich plötzlich alles. Also mit einem Mal, alles: Ja, was macht es denn für einen Unterschied, ob ich schuldig bin oder nicht? Es ist sogar verkehrt, danach zu fragen. Wer außer Ihnen sollte mich verstehen können? Aber ich selbst habe es verstanden,

als sie mich erneut in den Keller zerrten. Ein paar Wochen schon
hatte ein und derselbe Mitarbeiter sich "mit mir befasst". Aber dies-
mal erblickte ich ihn auf andere Weise. Ich sah seine feinen Augen-
brauen an, auf irgendeine Weise erinnerten sie mich an Adlerflügel,
seine scharf geschnittene Nase, seine verkniffenen Lippen, seinen
schneidenden Blick – er zwinkerte fast nie, nur das Handgelenk
knetete er ... Ich sah ihn an und begriff: Er wird mir niemals glauben. Er wird es nicht einmal glauben, wenn Genosse Stalin höchst-
persönlich eintreten und anordnen würde: "Den da – freilassen!"
Und er wird damit im Recht sein. Im Recht, zu tausend Prozent, ja
zu einer Million Prozent. Ja, und ich wäre wahrscheinlich selbst
nicht gegangen: Es hat hier doch jeder seine eigene Wüste[26],
stimmt's? Was bin ich schon im Vergleich mit dem ganzen Land?
Sie schweigen wieder.

Ja, sie haben mich zu Unrecht verurteilt. Und trotz allem ist
das richtig: Die Anderen – die, die schuldig sind – werden sich
fürchten. Angst – da haben wir den Kitt des Volkes.

Stellen Sie es sich bloß vor – stellen Sie es sich bloß vor! Die
Idee, das Land, das seine Allerergebensten, Allertreuesten durch
die Keller schleust, durch Lager, sie an Haken aufhängt, an Gitter-
stäben. Was wird es erst mit denen tun, die wirklich seine Feinde
sind? Werfen Sie doch einen Blick auf die Deutschen: Sie verbrennen Bücher. In ihren Augen leuchtet Freude. Was gab ihnen ihr
Führer, dieser ungebildete, schmächtige Neurotiker? Er gab ihnen
das Feuer – und schon wurde er zum Prometheus. Und ich schwöre
Ihnen: Sie würden sogar "Mein Kampf" verbrennen, wenn er es
ihnen befehlen würde. Ich habe doch keine Witze gemacht über
dieses Tor – das zum Lager, Sie erinnern sich? Wenn wir ein Land
aufbauen – ohne Grenzen und Nationen, ohne Bettler und Gefängnisse, ein Land ebenbürtiger, freier Menschen – kann es sein, dass
der Eingang dorthin sich irgendwo hier befindet? Und dass dieses
Tor ebenfalls ein Teil von diesem Ganzen ist? Kann es sein, dass
man einfach vertrauen muss, blind glauben, die Augen verbinden

---

[26] "Es hat hier doch jeder seine eigene Wüste und seine eigenen Fata Morganen."
Zitat aus dem gesellschaftskritischen Roman von Lina Kostenko "Notizen eines ukrainischen Verrückten", in dem der Held sich mit seinen Notizen über
die Welt davor rettet, selbst verrückt zu werden. (A.d.Ü.)

– und durch den Wald rennen? Und dann erhalten wir die Belohnung – ein göttliches Reich von Moskau bis nach Kamtschatka. Aber gibt es etwa Unzufriedene im Paradies? Wie viele gibt es hier von denen, die tatsächlich Feinde sind? Ja, und welchen Nutzen hat man von krakeelenden Schreihälsen? Bettler, Hungrige, sie brüllen, wie schlecht es ihnen gehe, und begeistern sich darüber, dass sie davon erzählen können. Ist es so nicht besser, ihnen allen das Maul zu stopfen? Eine Hundertschaft ins Gefängnis zu bringen, oder zwei, drei – nur damit ein Dutzend seine Ruhe hat? Das ist es, warum ich nicht das Opfer sein will, noch ein Statist der Freiheit, ein politischer Gefangener, dessen Porträt auf dem Plakat hinter Gittern auftaucht. Ich selbst habe mir die Nägel in die Handflächen getrieben. Ich allein. Übrigens gerade so wie Sie. Wir sind Selbstmörder, und Sie müssen das zugeben. Aber darf man denn, wenn man auf Sie schaut, über Ungerechtes nachdenken? Millionen glauben daran, dass es gar nicht anders sein konnte. *(Die Stimme erhebend.)* Ist es etwa nicht so? *(Brüllt nahezu.)* Nun, ist es etwa nicht so?! Ach, sie werden niemals begreifen, dass ihr Schal mir teurer ist als all diese Scherereien.

Er fällt vor Christus auf die Knie, wobei er hilflos die Hände erhebt. Christus streichelt ihm die Wange mit der Handfläche, N. kneift die Augen zusammen. Christus entschwindet. In den Lagerraum stürzen der Aufseher und A. P.

A.P. *(über die Schulter des Aufsehers):* Da ist er ja! Da ist er ja!
Aufseher: Was, du elender Hund, betreibst hier ein sektiererisches Pfaffentum?
N. *(verwirrt):* Ira …

Der Aufseher tritt N. mit dem Fuß an den Kopf. Dieser stürzt und schlägt mit dem Kopf gegen das Regal. Blut überströmt seine Stirn. N. stirbt.

In Lenins Namen

"Freundschaft" und "Jugend", "Idee" und "Wahrheit" ... Ich denke, Mama verstand nicht, weshalb dieses kleine verständliche Weltchen eines Tages plötzlich zerfallen musste: Die UdSSR war überschaubar und passte in den Vorgarten unter ein altes Fenster. Soweit meine Erinnerungen zurückreichen sprach Mama über die Sowjetunion immer mit einem Lächeln, wobei sie keineswegs an Marxismus und Bolschewiken dachte. Großväterchen Lenin strahlte von der Wand des Kinos, er lebte auf Glückwunschkarten zum Neuen Jahr, im Duft von Mandarinen, im Schokoladenkonfekt am Weihnachtsbaum, das von der ganzen Familie gemeinsam aufgehängt wurde. Er war das leckere Schokoladeneis, leicht lyrisch traurig, doch ohne Überflüssiges: Das seltene Stieleis in Schokoladenglasur. Sogar, indem er als riesige Steinstatue aufragte, ließ der Mensch im Jackett im Rauch der Vergangenheit nur den schönen, rosafarbenen Luftballon wieder auferstehen, den Mama trug, während sie sich am Maifeiertag an Großvaters Hand festhielt. Die Bolschewistische Partei floss gehorsam in die Zitruslimonade für vier Kopeken ein, die Dogmen des Marxismus aber in den geliebten, cremefarbenen Regenumhang. Dsershinsk, Budjonowka, Kirowsk enthielten, außer den Namen dieser "Vorfahren", was auch immer man wollte: Irgendwo gab es einen Park im Schatten alter Akazien, irgendwo war es der billige und leckere Kefir. In einem tastenden Leben gibt es viele Gewohnheiten, doch verändern Sie einmal die Anordnung der Dinge – und ein und derselbe Raum zeigt sich als völlig anderer.

So geschah es auch mit Mama. Eines Tages, als sie die Augen öffnete, da fand sie sich etwa zehn Kilometer von ihrem heimatlichen Donezk wieder – und in unendlicher Ferne von den roten Fähnchen. Die Mandarinen waren verschwunden. Lärm und Lachen des alten Hauses hatten sich in einen Plattenbau ohne Warmwasser verwandelt. Verschwunden war weder die Sowjetunion noch das Essen für 2,20 – die alten Fotos blieben im Album, die Farben darauf verblassten. In fiebriger Suche nach der Vergangenheit stolperte der Blick über den Standardbeton. In roten Buchstaben prangte auf ihm die Inschrift: "Lenin- Schacht" Irgendwo hier flimmerte der Horizont. Der graue Asphalt führte durch ein Fuhrparkdepot zum Eingang des alten Schachtes, auf dessen Spitze einst ein roter Stern gestrahlt hatte. Fuhr ich an der Betonstele mit dem roten Namen Lenins vorbei, so erschien es mir häufig, als schleppe sich die ganze Stadt zum Eingang des eisernen Monstrums: Jede Schicht war wie eine Liturgie, doch an der Stelle des Gekreuzigten brannte der Stern. Ein glanzloser Leuchtturm verschwundenen Lebens zwang dazu, den Wahlzettel für die Kommunisten einzuwerfen und sich daran zu erinnern, wie billig damals das Gas gewesen war. Der Schacht "zu Ehren Lenins" und die Mandarinen ... Ich denke, Mama verstand nicht, weshalb diese ganze Welt zerfiel.

Aber zusammen mit ihr verstand es auch die Stadt nicht: In diesen Krieg war Makijiwka[27] als sowjetische Stadt eingetreten, für das Sowjetische, und sie blieb sowjetisch, ungeachtet der fünfundzwanzig Jahre gelb-blauer Landesfarben. Und wir? Wir waren anders: Die Generation derer, die eher Standard und Standarte[28] der Republik anprobierten, war ungeformt – als Erbe fiel ihr bloß der Schacht zu, nun aber stand es ihr noch bevor, den Stern zu finden. Insbesondere deshalb tauschte man die republikanische Trikolore mal gegen Christus, mal gegen die Standarte der Monarchie und mal gegen die sowjetische Siegesflagge aus.

---

[27]   Unmittelbare Nachbarstadt von Donezk (A. d. Ü.)
[28]   Hier: Flagge der Volksrepublik Donezk (A. d. Ü.).

Something About Someone

Immer schon hatte ich Fürwörter gefürchtet. "Er", "die" und "sie" lösten die Persönlichkeit auf und verwandelten sie in einen statistischen Fakt. Aus der Stadt der Fürwörter heraustretend wusste ich dennoch, dass du ohne sie über dich selbst nicht schreiben kannst: Die Stadt Makijiwka war gesichtslos und zugleich zeigte sie sich wie mein Selbstportrait. Inmitten der Stadt waren etwa zehn alte Ruinen einsam verstreut, deren Fensterläden und Fenster Ruß und Staub des Makijiwkaer Metallurgiewerks aufbewahrt hatten. Lange lebte dort schon niemand mehr, insbesondere deshalb gehörten sie "irgendjemandem", wobei sie an einen Vagabunden erinnerten, der sich für lange sechzig Jahre mitten auf dem Boulevard ausgestreckt hatte. Das Dasein glitt in der Sprache in Modezeitschriften, Journalen und Fernsehshows dahin: "Elle", "Er und Sie", "Sein Stil". Besonders erschreckte mich das Wort "einige": In ihm hatte zugleich alles und nichts Platz. Von Kindesbeinen an befürchtete ich, man könne eines Tages von mir nur noch als "er" sprechen, womit sie mich mundtot und platt machten. Im Übrigen wird der aufmerksame Beobachter bemerken, dass Sprache sowohl eine Krankheit als auch gleichzeitig ein Heilmittel ist. Doch ich hatte Angst zu schauen, und daher begann ich zu schreiben: Die Literatur wurde zur Antwort auf die schäbigen Fensterläden. Nein, sie sind nicht verschwunden, doch wenn dies ein Gemälde ist, so bleibt nur, die Signatur darunter zu setzen, sogar, wenn das Gemälde ein einziges Geschmiere ist. So begann ich, Erzählungen und Stücke zu schreiben, in denen schreckhaft das Wörtchen "er" in jeder Zeile hervorlugt.

Im Übrigen, über einige wird auch so nicht geredet.

Helden des Sturmgeläuts

Er lauschte. Im Halbdunkel der matten Lampe war ein schwaches Läuten zu hören. Dieses Geräusch[29], das sich immer mehr näherte, drang durch die Fensterritzen, kroch langsam an den Wänden und Tapetenfetzen entlang, um sich schließlich mit bedrängender Gewalt eines Keilers auch in ihn selbst einzuschleichen. Von neuem der Gong. Plötzlich hatte er das Bild zweier Mönche auf dem Gipfel eines riesigen Berges vor Augen, die – gleichsam in Zeitlupe – einen mit einem Strick umwickelten Knüppel auf einen Messingzylinder schlugen. Von neuem ein Schlag. "Artilleriesalven", dachte er plötzlich. Er war der Lageberichte und der Explosionen derart entwöhnt und hatte sich so an den Geruch von Schimmel und Feuchtigkeit gewöhnt, dass die Kanonade ihn lediglich an entferntes Sturmgeläut erinnerte. In den vergangenen Monaten war er einzig mit dem Überleben beschäftigt gewesen, auf seiner Odyssee von Keller zu Keller, sodass er völlig vergessen hatte, dass jenseits dieser Wände, wie auch früher, Krieg war. Doch die folgende Minute verblüffte ihn: Er konnte sich kaum noch entsinnen, wer in diesem Krieg mit wem kämpfte, und war völlig verwundert, als er keine Antwort darauf fand, wofür. Er hatte ganz und gar vergessen, dass diese Schlösser und die Gitter und die Artilleriesalven das waren, was sein ganzes Leben ausmachte. Ihretwegen war er in Gefangenschaft, ihretwegen war er seiner Freiheit beraubt – aber jetzt sah er verständnislos, wie ein Kind, auf das Fenster.

Unter dem Flackern der matten Lampe zog er die Zudecke an sich, von neuem stellte er sich den Zylinder auf dem hohen, hohen Berg vor ...

---

[29] Gemeint ist der Klang schwerer Haubitzen (A. d. Ü.).

An mich, den Zukünftigen

Hätte man mir, als ich noch nicht geboren war, eine Episode aus meinem zukünftigen Leben gezeigt ... Nun, ich öffne die Augen, und vor mir liegt eine gestrichene, nackte Wand, eine eiserne Einschubleiste mit einem daran befestigten Foto einer Schönheit und etwas höher ein Fläschchen mit einer gelben Lösung. Was könnte man über ein solches Leben aus der Höhe von achtundzwanzig Jahren denken? Im Himmel hätte ich mich wahrscheinlich am Kinn gekratzt und Gott, den Herrn, gebeten, mir noch ein paar Karten aufzudecken. Darauf hätte der Herr geantwortet: "Dein Leben wird so fantastisch und schrecklich werden, dass ohnehin niemand die Wahrheit glauben wird. Ist es also wert, damit zu beginnen?"

Aufmerksam betrachte ich das Foto: Elegante kastanienbraune Haare fallen auf zerbrechliche Schultern, leuchtend rote Lippen, das ein wenig zu blasse Gesicht. Noch sind hinter diesem Foto weder das Stöhnen noch die Folterungen zu hören – noch sehen diese Augen mich ruhig und zärtlich an. Und nur das Fläschchen und die Arznei bringen einen auf den Gedanken, dass der Herr sich doch noch etwas dabei gedacht haben könnte. Ich klopfe ihm auf die Schulter – und springe mutig hinab.

Die Glocke

Von der Front zurückgekehrt begriff er, dass er sein Talent verlieren würde. Das Talent eines Schriftstellers, in das er so viel Hoffnung gesetzt hatte, entglitt ihm. Literatur erforderte wie ein Boxkampf ständige Trainingseinheiten, aber er hatte seine Kondition verloren, während er sich in Gefangenschaft befand. Seine jungen Augen blickten auf leere Papierbögen – und er konnte nicht eine Zeile schreiben, obwohl er so viel Schmerz und Leid gesehen hatte, dass es ausgereicht hätte für einen ganzen Roman.

Doch nicht nur darin bestand das Problem. Die ganze Zeit, die er in Gefangenschaft verbracht hatte, war ihm, als hinge eine riesige Glocke über ihm, als vibrierten Tonnen von Metall über seinem Kopf. Er hatte durch ein feines Rinnsal an Licht hindurch auf die Welt geschaut, das gleichsam unter dem eisernen Giganten hindurch in den sonnigen Tag geschwebt war: Nur Schatten flimmerten vorüber, ihn aber umgab der widerhallende Klang.

Freiheit sprengte die Gitter, doch die Glocke verschwand nicht: Aus der engen Zelle hatte sie sich über das Land ausgedehnt. Jetzt verstörte ihn die bleierne Stille rundum. Nach Explosionen und Panzern, den Schlägen von Gewehrkolben gegen die eisernen Türen erschien ihm der Lärm der Stadt wie eine Grabplatte. Täglich erwartete er den Schlag gegen Tonnen stummen Metalls, sodass er sich sogar ein wenig in sich zusammenkrümmte, als er die vertraute Straße entlang ging, womit er die Nachbarskinder zum Lachen brachte. Die Arbeit lenkte ihn ab, doch nicht für lange – sein Geist gehörte ganz und gar dem Geheimnis dieses Klanges, das sich – gleich Kreisen auf dem Wasser – in den Seelen Hunderter widerspiegelte, die waren, wie er. An den Abenden, wenn er die warmen Lippen derjenigen küsste, von der er so lange geträumt hatte, konnte er nicht den Mut für Größeres aufbringen, um sich nicht selbst preiszugeben. Ihm in die Augen blickend hätte sie den Schluss ziehen können, dass er sie nicht mehr liebe oder an eine andere denke – doch der Wahrheit entsprach das nicht. Er liebte, er liebte noch kräftiger, noch stärker, doch die Glocke bedeutete eine Einsamkeit, welche er nicht mit ihr teilen konnte. In seinen Augen, den einst eindringlich strahlenden Pupillen, war Nebel, und mehr als alles fürchtete er zu hören, dass man ihn verstand.

Es ging so weit, dass sein Vorgesetzter ihn eines Tages, als er im Geschäft die Waren im Regal einsortierte, mit einer Dose Mais in der Hand antraf: Unbeweglich stand er und starrte vor sich hin. Gott allein wusste, wie lange er schon so gestanden hatte – wahrscheinlich hätte er selbst darauf keine Antwort gehabt – bevor der Inhaber ihn ansprach:

"Hey, junger Mann ...", sagte er gedehnt, wobei er ihm vorsichtig die Dose aus den Händen nahm und sich bemühte, ihn nicht zu kränken, so als habe er einen Verwirrten vor sich. "Kann sein, dass du ein Held bist, aber du bist ja nicht einmal in der Lage, den Mais ins Regal zu stellen. Geh du mal besser nach Hause."

Der Verlust des Arbeitsplatzes störte ihn nicht – er hatte ja selbst vorgehabt, fortzugehen. Und so kam er gedankenlos durch die abendliche Stadt taumelnd schließlich in der Schlafstadt an. Die kleinen Eigentumshäuschen, die Grünflächen mit ihrem penibel gemähten Rasen und die strahlende Sternennacht hatten ihn endgültig taub gemacht. Das war das Instrument, auf dem er zu spielen verlernt hatte, und nur Geräusche in weiter Ferne erinnerten ihn an Musik, die irgendwann erklungen war – eine Musik, die er nicht mehr verstand.

"Wo sind die Wände, die mich halten, und die Gitter, die den Himmel in Segmente aufteilen? Wo ist dieses Monster, das als Betonröhre hinter dem grauen Zaun in die Höhe ragt? So aufragt, als sei gleichsam nichts auf der Welt übriggeblieben – nur der Wind, die kalten Wände und diese Röhre. Der Rauch aus ihr, raucht er nicht aus der Hölle empor und stammen all diese Landschaften nicht aus der Unterwelt? Wo ist eure Kraft, ihr schweren, matten Lampen in rostigen Lampenschirmen? Wie viele habt ihr gesehen, die in eurem düsteren Schein eine Schlinge um den Hals legten? Wer kann sagen, wie ein Tropfen der Verzweiflung zur Welle wurde – und nun schon die Seelen derer durch den Koksrauch fortträgt, die die Freiheit nicht mehr erwarten konnten? Wie bitter muss es sein, durch das Gitter auf dieses Rohr blickend zu sterben? Aber auch ihr, ihr dicken Wände, und ihr, ihr rostigen Stäbe, kennt das Geheimnis nicht, das höher ist als diese Röhre: Wo einem alles abgenommen wird – da beginnt die Freiheit. Die Freiheit des Todes, die abzunehmen nicht in eurer Macht steht. Sie verlacht euch in der Stille dieser Nacht und lacht umso schallender, desto schwächer das Licht in der Zelle ist. Das Recht auf den Tod wird nicht von Gott gegeben – es strömt mit dem Rauch aus dieser Röhre aus." So dachte er, ohne zu bemerken, dass er nun schon länger als eine Stunde bei einer kleinen Kirche stand, deren steinerner Turm sich in der Sternennacht zart abzeichnete.

Als er plötzlich zu sich kam und über einen niedrigen Zaun gesprungen war, fand er sich unter einem Baum wieder, dessen Zweige sich auf den Vorbau der Kirche legten. Indem er an ihnen emporkletterte, stieg er auf das Kirchlein, wobei er innerlich ein merkwürdiges Gefühl empfand, so, als ob er endlich das gefunden habe, was er so lang gesucht hatte. Noch ein paar geschickte Bewegungen, und schon war er auf dem Glockenturm selbst, schaute auf die Stadt, die in Hunderten greller Lichter ertrank. Auf einmal erschien es ihm, nur für einen Augenblick, als umgäbe ihn anstelle der ordentlichen, kleinen Häuschen nichts als Ruinen – und ein feines, weißes Rauchwölkchen strecke sich hier und da nach oben. In eben dieser Sekunde kam es ihm in den Sinn, sich kopfüber nach unten zu werfen. Doch eine Kraft zwang ihn buchstäblich, die Augen zu erheben – und er erblickte, wofür er hier hochgekommen war. Es war die Glocke – nicht größer als ein Meter Durchmesser, aus der, gleichsam aus dem Nichts, ein Seil herabhing. Sie ähnelte dem Giganten nicht, der ihn nun schon viele Monate so gequält hatte. Dennoch durchfuhr seinen ganzen Körper ein leichtes Zittern – auf einmal ergriff er mit der Hand das Seil und begann, wie wild zu läuten. Aus aller Kraft, die sein abgekämpfter Geist nur aufbringen konnte, läutete er die Glocke – und ein Lächeln überflog zum ersten Mal seit vielen Jahren sein Gesicht. Nein, das war ein Glück – er war glücklich, als er auf einmal spürte, dass der Klang der Einsamkeit endlich entschwand! Er entsann sich derer, vor der er heute so dumm weggelaufen war, und begriff, dass sie von neuem zu zweit waren – er war nicht mehr einsam. Die Türen der Nachbarhäuser öffneten sich, und auf die eben noch friedlich schlafende Straße ergossen sich Menschen: Jemand zeigte mit dem Finger in Richtung der Kirche, jemand grummelte einfach.

Er ließ das Seil fallen und kniff die Augen zusammen, nachdem er aus der Ferne die Lichter des Polizeiautos bemerkt hatte, das durch die erste friedliche Nacht hindurch auf ihn zu jagte.

Von Rohren und Menschen

Alte, zerschlagene Fenster, eiserne Bewehrung und korrodierender Stahlbeton, über die ein Schneesturm fegt – so ist die Winterlandschaft der *Isolation*, wenn man sie vom Hofgang aus betrachtet. Doch ich habe in meiner Erinnerung ein anderes Bild vor Augen. In der Kindheit bin ich häufig krank gewesen, und Mutter brachte mich alle naselang in die örtliche Klinik – ein zweistöckiges, graues Gebäude mit Schieferdach, von dem Bruchstücke mit Moos überwachsen herumlagen. Doch aus irgendeinem Grund hatte sich mir besonders das Rohr eingeprägt: Es ragte aus der Wand des alten Krankenhauses heraus, und das Wasser floss in einem dünnen Rinnsal aus ihm heraus auf die von Schimmel grün gewordenen Backsteine. Besonders düster war es hier im Herbst. Über dem Rohr befanden sich die Fenster des Laboratoriums, und kaum öffnete sich die Tür, so stach der beißende Geruch von Urin und Spiritus in die Nase. Die kalten Winde von Makijiwka, die euch durch Mark und Bein gehen konnten, so warm ihr euch auch gekleidet hattet, der Herbsthimmel und dieses Rohr, aus dem sogar im Winter noch das Wasser floss, doch dann bereits auf das graue, überflutete Eis. Mutter hält mich an der Hand, mich, der ich beinahe bis zu den Ohren in einen Strickschal eingemummelt bin, und in der Nähe schlendern "unglückliche Menschen" – genau so dachte ich über sie. Einige gingen auf Krücken, jemand saß in einem Rollstuhl. Insgesamt eine ganz gewöhnliche Krankenhausumgebung, nur mit dem einzigen Unterschied, dass genau dieses Rohr sie zu "Unglücklichen" machte – so sehr drangen Schwermut und Tod aus ihm heraus, dass alle Versuche der "Unglücklichen", sich ärztlich behandeln zu lassen, dem Kinde als hämisches Grinsen des Schicksals erschienen. Wirklich, wozu sollte man die ins Leben zurückbringen, die ein solch graues Leben lebten? Ich schmiegte mich umso fester in die Wollfäden – wie es schien, nicht so sehr gegen die Kälte als gegen den Blick des verfluchten Rohres.

    Etwas völlig anderes eröffnete sich mir, kaum war ich nach Majs'ke gekommen – ein kleines Nest auf der Krym, über dem der Herr, so schien es, eine helle Laterne angezündet hatte: So warm und ruhig war es hier. Die Wunder begannen, gleich nachdem Mama und ich den Sywasch-See passiert hatten: Ich hatte sie angefleht, mich zu wecken, damit ich nicht den Eingang in die andere Welt verschlief. Eimer mit Früchten, Mohnfelder und heißes Brot, das mein Bruder und ich zusammen mit frischen Erdbeeren verzehrten. Begierig und eingehend suchte ich den Horizont ab, in der Hoffnung, das Glitzern des Meerwassers zu entdecken: Es zu erblicken bedeutete fast so viel wie das Heilige Abendmahl zu empfangen. Gott war dazu nicht vonnöten – er war hier überall. Die graue, verbitterte Stadt wurde in der Ferne immer blasser, während unter den Füßen das blühende Leben der Krym brannte.

Jetzt schaue ich auf die Abflussrinne der Betonruinen und denke, dass dieses Rohr anscheinend auch irgendwo hier ist. Nein, wie zuvor ragt es aus der Wand des alten Krankenhauses hervor, an dessen Tür mein kindliches Leben verlief. Und doch sehe ich es sogar hier, in diesem Beton, durch den Stacheldraht und die morsche Kastanie hindurch. Es hat unter uns überdauert ungeachtet jeder Politik, der Umgebung und der Umstände – und der Krieg ist bloß eine Brücke von den kindlichen Landschaften geworden zur gegenwärtigen – die grau ist, wie es sich auch für jeden Krieg gehört.

Essay über einen Vulkan

Stellen Sie sich einen riesigen, erloschenen Vulkan vor. Aus seinem dunklen Krater steigt in völliger Einsamkeit ein Mensch empor. Vor ihm – hunderte schweigsamer Steine, möglicherweise – rötlicher Staub, doch hoch über ihm hängt das Firmament. Dieses Bild in unserem Geist hatte eines Tages unser Professor gezeichnet, wobei er es mit einem einzigen Wort benannte, von dem im Folgenden die Rede sein soll, die Philosophie.

Während der gesamten Geschichte ihrer Existenz kann sich keine einzige Wissenschaft eines derartig grandiosen Reinfalls rühmen, der die Philosophie zu Recht eingeholt hat: Zweieinhalb Jahrtausende der Entwicklung westlichen Denkens lösten nicht ein einziges der von ihr aufgeworfenen Probleme. Außerdem: Im eigentlichen Kreis der Philosophen wird eine solche Sachlage beinahe als ideal angesehen: Die Philosophie soll im besten Falle eine nebelhafte Andeutung auf die Antwort geben, wobei sie "dem Leser" die Möglichkeit lässt, das Finale selbst zu schreiben. Vor uns liegen gleichsam die ganze Zeit zwei leere Seiten, doch die Philosophie erinnert eher an ein japanisches Haiku als an einen Zweig der Wissenschaft. Im strengen Sinne des Wortes ist sie nicht einmal eine Wissenschaft, sie hat kein gemeinsames Themenfeld, das von allen Teilnehmern des philosophischen "Spiels" auf gleiche Weise verstanden würde. Doch der ganze Kernpunkt dieses Spieles besteht darin, dass man es, hat man es eines Tages begonnen, niemals zu Ende bringen kann – was sich als Gemeinsamkeit für alle Spieler erweist. Dieser Gedanke zeigt sich gut an meiner eigenen Lage, die bedingt, dass diese Zeilen hinter Gefängnisgittern und mit Farbe überstrichenen Fenstern geschrieben werden. Was also ist dann diese Philosophie? Und ist der Denker nicht ein Dichter, dem, um Brodskij zu paraphrasieren, die Zivilisation näher ist als eine Flasche Wein?

Das Bild des öden Kraters wurde hier nicht zufällig gezeichnet: Sich aus ihm erhebend streift der Mensch in absoluter Einsamkeit umher. Und dieses ist das Erste, was die Philosophie von allem rings umher unterscheidet. Die Religion, das Recht, die Wissenschaft – sie schlagen schon eine fertige Antwort vor: Der Mensch muss hier nur mit dem Kopfe nicken. In der Philosophie ist der Mensch zu einer Entscheidung ohne Wink von außen verurteilt. Auf diese Weise ist Einsamkeit – die Voraussetzung jeglichen Gedankens überhaupt. Die existenzielle Laterne, die die Silhouette des Menschen erscheinen lässt. Doch was ist dieser Gedanke selbst? Heidegger schreibt, dass wir nur denken, wenn wir uns in das Element des Denkens vertiefen, vergleichbar dem, wie man Schwimmen nur lernen kann, indem man sich im Wasser befindet. Es ist erstaunlich, doch indem er die Frage stellt "Was ist Denken?" beantwortet er sie hier bereits. In diesem Sinne hatte Iljenkow recht, der schrieb, dass ein orthodoxer Hegelianer sich Gott vorstellen könne als einen Menschen mittleren Alters, der bei Kerzenlicht einen dicken Band der "Wissenschaft der Logik" lese, auf der Reise vom Sein zum Wesen und vom Wesen zum Verständnis. Ungeachtet aller Strenge und Fülle der Systeme der deutschen Klassik muss es etwas geben, was diese Systeme möglich macht. Und wenn Habermas dieses "Etwas" in der Kommunikation entdeckt – packt er dann nicht die Wasserquelle nur in eine getrennte Flasche? Der Gedanke, und damit auch der Mensch entdecken sich in der Sprache. In diesem Sinne ist sie das Haus des Seins. Doch die Sprache zeigt sich in der Kommunikation. Genau deshalb ist die Philosophie ein Stil des "Redens", der mit einer Formel beginnt und mit dem "Tau auf dem Grase" endet.

Oft denke ich über diesen Vulkan nach. Wohin klettert der, der sich zum Aufstieg entschlossen hat? Es ist offensichtlich, dass sich dort in der Höhe über ihm der Himmel erstreckt. Doch auch er kann unterschiedlich sein. Es können strahlend blaue Himmel sein. Aber möglicherweise ist über ihm ein graues Gewitterfirmament, das in Blitzen über einer menschenleeren Einöde aufleuchtet, sodass es unten weitaus angenehmer ist als oben. Millionen sind unten geblieben, Hunderte streifen durch die Wüste, wobei sie tagtäglich eine Entscheidung zugunsten einer für sie unklaren Höhe treffen.

Gebet eines Atheisten

(verfasst "im Loch", in der Quarantäne des Straflagers Nr. 32, bereits nach der Isolation)

Herr,
möge mir nicht
alles gleich sein.

UKRAINIAN VOICES

Collected by Andreas Umland